すぐに役立つ

◆他人に言えない・聞けない◆

ケース別 **文書の書き方と問題解決の法律知識**

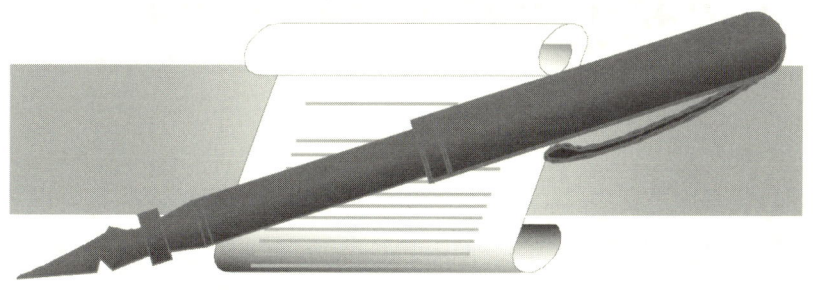

行政書士 **大門則亮** 監修

三修社

本書に関するお問い合わせについて
本書の内容に関するお問い合わせは、お手数ですが、小社
あてに郵便・ファックス・メールでお願いします。
なお、執筆者多忙により、回答に1週間から10日程度を
要する場合があります。あらかじめご了承ください。

## はじめに

　電子メールやファックスなどの普及により、手紙を相手に送る機会は減りましたが、文書を書く機会が減ったわけではありません。

　相手への要件をすべて電話で済ますことができれば、わざわざ文書を書く必要はないのですが、そうもいきません。ビジネスではもちろん日常生活でも文書を書かなければならない場面は必ず出てきます。

　文書を書かなければならない場面とは、一般に、他人には言えないような類の文書が多いと言えます。しかし、このような文書は、なじみも薄く、書く機会など一生に一度あるかどうかです。定型的なビジネス文書でしたら、書き方が決まっているので、問題はありませんが、他人に言えないような文書の場合、どのように書いたらいいのか悩んでしまいます。また、誰かに聞くわけにもいきません。そのようなときに、参考にしていただきたいのが本書です。

　本書では、プライベートな文書からビジネス文書まで、他人には聞けないような文書を掲載しています。男女問題に関する文書、クレームや示談書、謝罪文、お断り状、依頼文など、類書にはあまり掲載されていない文例を集めてみました。

　また、遺言書や借金の督促状、悪質業者への契約の取消の通知など法律文書も掲載し、法律面からのアドバイスもつけ加えています。

　その他、近年、犯罪被害に対する意識が高まっていることから、告訴・告発状などの法律文書も掲載しました。

　本書を利用することで、皆様の問題解決に役に立つことができれば幸いです。

　　　　　　　　　　　　　　　　　　監修者　行政書士　大門則亮

# CONTENTS 目次

はじめに

## 第1章 失敗しない文書の書き方

1 文書の書き方を身につける　　12
2 文書の書き方や決まり文句　　14
3 eメールの効果的な出し方　　24
4 法律文書の活用法　　26

## 第2章 婚約破棄・離婚・男女問題

本章のポイント　　32
文例1 不倫相手の配偶者に謝罪する　　38
文例2 不倫したことを配偶者に謝罪する　　39
文例3 婚約を破棄する　　40
文例4 婚約を破棄されたことに対する損害賠償を求める　　41
文例5 配偶者の浮気相手に交際中止を求める　　42
文例6 同棲していた男性に子供を認知してもらう　　43
文例7 別居中の配偶者に離婚を申し出る　　44
文例8 離婚に応じる条件として財産の分与を請求する　　45
文例9 離婚を認める代わりに慰謝料を請求する　　46
文例10 結婚の通知書　　47
文例11 離婚の通知書　　48
文例12 見合い相手に交際を求める依頼書　　49
文例13 友人の元妻と結婚することを友人に伝える　　50
文例14 縁談の依頼をする　　51
文例15 縁談を断る　　52
文例16 プロポーズを断る　　53
文例17 相手の両親に相手との結婚を認めてもらう　　54
文例18 内縁関係の解消を求める　　55
文例19 愛人関係を終わらせる　　56
文例20 配偶者の暴力をやめさせる　　57

| 文例21 | 財産分与の支払いを請求する | 58 |
| 文例22 | 子どもとの面会を求める | 59 |
| 文例23 | 子の引渡請求をする | 60 |
| 文例24 | 養育費の支払請求をする | 61 |
| 文例25 | 離婚した相手に子の養育費の増額を請求する | 62 |
| 文例26 | 離婚した相手に子の養育費の減額を請求する | 63 |
| 文例27 | 親戚に財産管理を委任するのをやめる | 64 |

## 第3章 相続・遺言

| | 本章のポイント | 66 |
| 文例1 | 遺留分減殺請求をする | 74 |
| 文例2 | 遺留分減殺請求に対して回答する | 75 |
| 文例3 | 遺留分を減殺しないように一人息子に依頼する | 76 |
| 文例4 | 遺産分割協議を申し入れる | 77 |
| 文例5 | 譲渡遺産の返還請求をする | 78 |
| 文例6 | 遺産処分の差止めを請求する | 79 |
| 文例7 | 負担付遺贈を受けた者に負担義務を履行するように請求する | 80 |
| 文例8 | 相続分を侵害した者に対して相続回復の請求をする | 81 |
| 文例9 | 相続を放棄してくれるように依頼する | 82 |
| 文例10 | 延命治療を拒否したい場合の書面 | 83 |
| 文例11 | 永代供養を受けられるように信託する遺言書 | 84 |
| 文例12 | 財産の信託をする場合の遺言書 | 85 |
| 文例13 | 認知症の妻に土地と家を遺したい場合の遺言書 | 86 |
| 文例14 | 障害のある配偶者に財産を多く遺したい場合の遺言書 | 87 |
| 文例15 | 愛人との子にも財産を遺したい場合の遺言書 | 88 |
| 文例16 | 愛人の子を自分の子として認知したい場合の遺言書 | 89 |
| 文例17 | 家訓を受け継ぐように指示する遺言書 | 90 |
| 文例18 | 生前に恩を受けた人にも財産を贈りたい場合の遺言書 | 91 |
| 文例19 | 葬儀などの指示をしたい場合の遺言書 | 92 |

# CONTENTS

| | | |
|---|---|---|
| 文例20 | ペットの世話を頼む場合の遺言書 | 93 |
| 文例21 | 死後遺族にしてほしいことを伝える遺言書 | 94 |
| 文例22 | 訃報に対するお悔やみ | 95 |
| 文例23 | 友人の死に対する弔辞 | 96 |

## 第4章 クレーム・謝罪・示談

| | | |
|---|---|---|
| | 本章のポイント | 98 |
| 文例1 | サービスの悪いキャバクラ嬢へのクレーム | 106 |
| 文例2 | キャバクラ嬢に行ったわいせつ行為を謝罪する | 107 |
| 文例3 | ブログの無断転載を謝罪する | 108 |
| 文例4 | 不倫したことを妻の両親に謝罪する | 109 |
| 文例5 | ネットの掲示板に勝手に写真を貼りつけたことを謝罪する | 110 |
| 文例6 | ネットに個人情報を漏えいさせたので謝罪する | 111 |
| 文例7 | 失踪したことを家族に謝罪する | 112 |
| 文例8 | 保証人に夜逃げしたことを謝罪する | 113 |
| 文例9 | 保証人に破産したことを謝罪する | 114 |
| 文例10 | 取引先に不渡りをだしたことを謝罪する | 115 |
| 文例11 | お金を借りた際に相手に渡す借用書 | 116 |
| 文例12 | 商品を納品することを約束する念書 | 117 |
| 文例13 | 債権者に提出する支払計画書 | 118 |
| 文例14 | ちかんをした女性に示談を提案する | 119 |
| 文例15 | 中絶してもらうために示談を提案する | 120 |
| 文例16 | 交通事故を起こした相手に示談を提案する | 121 |
| 文例17 | ケンカでケガをさせた相手に示談を提案する | 122 |
| 文例18 | 著作権を侵害した相手に示談を提案する | 123 |
| 文例19 | 食中毒を起こした客に示談を提案する | 124 |

## 第5章 督促・反論・抗議・絶縁状

| | | |
|---|---|---|
| 本章のポイント | | 126 |
| 文例1 | 借金の支払いを催促する | 128 |
| 文例2 | 常連客に飲食代金の支払いを催促する | 129 |
| 文例3 | 売掛金の支払いを催促する | 130 |
| 文例4 | 代金支払請求の最終通告をする | 131 |
| 文例5 | ネットオークションのトラブルで契約を解除する | 132 |
| 文例6 | 名誉毀損の被害者が謝罪と慰謝料の支払いを請求する | 133 |
| 文例7 | セクハラで会社に損害賠償を請求する | 134 |
| 文例8 | セクハラの訴えに反論する | 135 |
| 文例9 | 偽装表示をしている会社を内部告発する | 136 |
| 文例10 | 類似商号についての回答書 | 137 |
| 文例11 | 借りていない金銭の支払いを求める親戚に反論する | 138 |
| 文例12 | いじめをしている子の親に抗議する | 139 |
| 文例13 | 学校に子供のいじめの阻止を求める | 140 |
| 文例14 | ゴミの出し方の悪い近隣住人に抗議する | 141 |
| 文例15 | ペットのしつけがなっていない近隣住人に抗議する | 142 |
| 文例16 | 部屋から異臭を放っている近隣住人に抗議する | 143 |
| 文例17 | 朝まで騒いでいる隣の住人に抗議する | 144 |
| 文例18 | 隣家にはみ出した枝の切除を要求する要望書 | 145 |
| 文例19 | 隣家の塀の設置工事中止の申入書 | 146 |
| 文例20 | 道路に私物を置いている近隣住人に抗議する | 147 |
| 文例21 | 迷惑駐車に抗議する | 148 |
| 文例22 | 素行の悪い子供に絶縁状を送る | 149 |
| 文例23 | お金をせびる親戚に絶縁状を送る | 150 |
| 文例24 | 借りた金を返さない友人に絶縁状を送る | 151 |
| 文例25 | 借主の相続人に対して貸金の返還を請求する | 152 |

# CONTENTS

| 第6章<br>お断り状 | 本章のポイント | 154 |
|---|---|---|
| | 文例1 子供の認知を断る | 156 |
| | 文例2 娘との結婚を断る | 157 |
| | 文例3 借金の申込みを断る | 158 |
| | 文例4 保証人の依頼を断る | 159 |
| | 文例5 契約更新を断る | 160 |
| | 文例6 注文を断る | 161 |
| | 文例7 損害賠償の請求を拒否する | 162 |
| | 文例8 道路を通行することを断る | 163 |
| | 文例9 親戚の子供を預かることを断る | 164 |
| | 文例10 ペットを預かることを断る | 165 |
| | 文例11 町内会の役員になることを断る | 166 |
| | 文例12 任意後見人になることを断る | 167 |
| | 文例13 会社の共同出資者になることを断る | 168 |
| | 文例14 仲人・媒酌人を断る | 169 |
| | 文例15 来賓を断る | 170 |
| 第7章<br>進退伺い・<br>始末書 | 本章のポイント | 172 |
| | 文例1 交通事故を起こしたことの始末書を書く | 174 |
| | 文例2 部下の不祥事についての始末書を書く | 175 |
| | 文例3 会社に多大な損害を与えたことの始末書を書く | 176 |
| | 文例4 納入時に商品を破損したことの始末書を書く | 177 |
| | 文例5 新年会で暴れたことの始末書を書く | 178 |
| | 文例6 納期が遅れた理由を説明するために顛末書を書く | 179 |
| | 文例7 火災事故を報告するために事故報告書を書く | 180 |
| | 文例8 飲酒運転で事故を起こしたので進退を伺う | 181 |
| | 文例9 セクハラで訴えられたので進退を伺う | 182 |
| | 文例10 暴行事件を起こしたので進退を伺う | 183 |

| | | |
|---|---|---|
| 文例11 | ちかんで捕まったので進退を伺う | 184 |
| 文例12 | 破産をしたので進退を伺う | 185 |
| 文例13 | 一身上の都合による退職届 | 186 |
| 文例14 | 理由を記載した退職届 | 187 |
| 文例15 | 社長への諫言書 | 188 |

## 第8章 お願い事・依頼文

| | | |
|---|---|---|
| | 本章のポイント | 190 |
| 文例1 | 宗教団体を退会する | 192 |
| 文例2 | 労働組合を退会する | 193 |
| 文例3 | 借金の申込みを依頼する | 194 |
| 文例4 | 借金の支払いの延長を依頼する | 195 |
| 文例5 | 保証人の依頼をする | 196 |
| 文例6 | ホステスに約束した土地の贈与を取りやめる | 197 |
| 文例7 | 祖母の面倒を依頼する | 198 |
| 文例8 | 息子に同居をお願いする | 199 |
| 文例9 | 養子になってくれることをお願いする | 200 |
| 文例10 | 横領したことを警察に通報しないように会社にお願いする | 201 |
| 文例11 | ケガをさせた相手に警察に告げないようにお願いする | 202 |
| 文例12 | 子供に生活費の援助を求める | 203 |
| 文例13 | 不動産の売買を依頼する委任状 | 204 |

## 第9章 悪質商法

| | | |
|---|---|---|
| | 本章のポイント | 206 |
| 文例1 | 裏ビデオ代の返金を請求する | 212 |
| 文例2 | ぼったくりバーに支払った代金の返金を求める | 213 |
| 文例3 | 結婚紹介所との契約を打ち切る | 214 |
| 文例4 | 美人局で支払った金銭を返してもらう | 215 |
| 文例5 | 宗教団体への寄付金を返してもらう | 216 |
| 文例6 | 宗教団体から購入した仏像を返還する | 217 |

# CONTENTS

| | | |
|---|---|---|
| 文例7 | マルチ商法の会員にならないことを友人に伝える | 218 |
| 文例8 | マルチ商法の会員を脱退することを通知する | 219 |
| 文例9 | 自分が参加を依頼したマルチ商法の会員にマルチ商法であることを警告する | 220 |
| 文例10 | 悪質商法の被害者に裁判を起こすことを提案する | 221 |
| 文例11 | アダルトサイトからの請求を拒否する | 222 |

## 第10章 告訴・告発

| | | |
|---|---|---|
| | 本章のポイント | 224 |
| 文例1 | 美容整形に失敗した医者を訴える | 234 |
| 文例2 | ストーカー被害を訴える | 236 |
| 文例3 | ちかん被害を訴える | 238 |
| 文例4 | 侮辱した相手を訴える | 240 |
| 文例5 | 名誉を毀損した相手を訴える | 242 |
| 文例6 | 身辺を調べている興信所を訴える | 244 |
| 文例7 | 盗撮をした相手を訴える | 246 |
| 文例8 | 暴力的な取立てをした貸金業者を訴える | 248 |
| 文例9 | 食品偽装していることを告発する | 250 |
| 文例10 | 欠陥製品を作っていることを告発する | 252 |
| 文例11 | 会社の不正経理を告発する | 254 |

# 第1章

# 失敗しない文書の書き方

# 1 文書の書き方を身につける
## 自分の考えを整理し、冷静に対応できる

### ● 話しにくいことをどう伝えるか

　どのような用件でも電話で簡単に済ませてしまうことができる現代にあって、心をこめて書かれた手紙は、受け取った相手に特別な印象を与えます。親しい人からのお祝いやご機嫌伺いの手紙を受け取ればうれしく思い、大事にとっておきたくなるものです。一方、丁寧にしたためられた催促や断りの手紙を受け取った場合には、感情的な電話を受けた場合とは異なって、冷静にじっくりと内容を把握することができます。

　手紙などの文書を効果的に使うためには、その特性を知っておくことが必要です。文書の特性として覚えておきたいのは、文書に書いた内容は後まで残るものだということです。たとえば、相手に何かを伝える際に、口頭ではなく文書を利用すると、その内容を後に残すことができます。これは、後ほど「言った」「言わない」でもめがちな会話との大きな相違点であり、最大の長所と言えます。

　ただ、意図しない意味にとられかねないようなあいまいな表現を使ったり、思ってもいないことを文書に残してしまうと、後で困ったことになる場合もあります。したがって、文書を書く場合には、口頭の場合よりも、じっくりと言葉を選んで書く必要があります。それを面倒に思ったり苦手だと考えて敬遠してしまう人も多いのですが、非常にもったいないことです。というのも、実は、言葉を選んで文書を書くと、自分の考えを整理し、冷静になることができる、という大きなメリットがあるからです。

　たとえば、交渉中の相手に文書を送る場合、言葉を選んでいるうち

に、直面している問題点を整理して伝えたい内容を明確にする、といった作業を自然と行うことになります。また、口頭の場合には、よく考えずに言葉を発したために相手との関係をこじらせてしまうことも多いものです。この点、文書の場合には、言葉を選んでいるうちに気持ちも落ち着いてくるため、冷静な言い回しや丁寧な言葉づかいを用いることができます。こうすることで、相手に誠意を見せ、また真意を伝えることができます。受け取った相手も、口頭で伝えられた場合よりも、たいていは重く真剣にとらえてくれます。

このように、その状況に応じて適切な手紙や文書を書く術を身につけた人は、周囲と良好な関係を築くことができるだけでなく、不測の事態に陥った時でも、事態を混乱させることなく収束させることができるでしょう。

## ● 文書にはどんな種類があるのか

文書の特性を生かすことができれば、日々直面する様々な問題にも柔軟に対応できるようになります。それには、その文書の種類と特性を頭に入れておくことが重要です。文書を出す相手によって分類すると、文書には、ビジネス文書と私的な文書があります。

ビジネス文書には、商品の請求書や進退伺い、退職届など、さまざまなものがあります。一般に、ビジネス文書の場合には、フォーマットや書き方が定められているので、そのルールに従って作成するようにしましょう。

私的な文書には、お悔やみや依頼文の他、本書でとりあげるような、面と向かっては言いにくいような内容の文書などがあります。

それぞれの文書の書き方については、第2章以下で文例と共に詳しく解説していますので、参考にしていただければと思います。

# 2 文書の書き方や決まり文句

## 文書の書き方にはルールがある

### ◉ マナーを踏まえた手紙の書き方を知る

　文書を書く際には、まず基本の形を頭に入れた上で、心をこめて書くようにしましょう。基本の形に沿って書かれた文章は、読む人に負担をかけません。ただし、あまりに形式的な場合には無味乾燥な文章になってしまいます。ふだんの生活で全く使わない美辞麗句を並べたり、使い慣れない難しい言葉を使っても、相手の心に真意が伝わらなければ、文書を書く意味がありません。文書を作成するときには、素直な自分らしい言葉を使って、簡潔に要件を伝えるようにしましょう。

　なお、「です」「ます」といった言葉を丁寧にすると、「ございます」「おります」という丁寧語になります。こうした言葉を適度に使って文書を丁寧に整えると、相手に与える印象も折り目正しいものになります。ただし、「お」や「ご」を多用すると、大げさすぎて滑稽に見えてしまう場合もありますから、ほどほどにしておきましょう。

　文書を作成するときには、読みやすい字で書くようにして、誤字や脱字がないように注意しましょう。字は下手でもかまいません。ただし、相手が読みやすいように丁寧に書くように心がけてください。ポイントは、字の大きさをそろえること、字配りのバランスをとることです。文書は後まで残るものですから、誤字・脱字がないように、極力注意して下さい。言い回しや漢字に自信を持てない場合には、面倒がらずにこまめに辞書でしらべるようにしましょう。

　もし文字を間違えて書いてしまった場合には、新たな紙に書き直しましょう。相手に対して失礼にあたりますから、文字を訂正したり書き加えたりしたままの文書をそのまま送ることのないように注意して

下さい。言葉を選ぶことで問題点を整理したり気持ちを落ち着ける効果があるのは前述したとおりです。こうした効果は、文書を下書きすることでさらに高まりますから、いきなり本文を書かずに、一度下書きをすることをおすすめします。

お詫びの文書を出す場合や、返事を出す場合には、タイミングを外さないように注意しましょう。いずれの文書も出すタイミングが遅れると、その効果は薄れるものと考えて下さい。場合によっては、相手の心証が悪くなりますから、やむを得ず遅れてしまった場合には、遅

## 手紙を書くときに気をつけるべきポイント

|  | ○ | × |
| --- | --- | --- |
| 手紙の基本の形に沿って書く | 頭語→前文→主文→末文→結語 | 頭語→前文→主文→副文（頭語に呼応する結語がなく、主文を受けた末文も省略されている） |
| 表現 | 自分の言葉で心をこめて書く | 文例集を丸写し美辞麗句を並べる |
| 敬語・丁寧語を適切につかう | 「近いうちにぜひおいで下さい」 | 「近いうちにぜひ参って下さい。」 |
| 誤字・脱字・訂正・加筆方法 | 書き直す | 二重線で訂正する |
| 字 | 丁寧に書く 楷書で書く | 走り書き、くせ字で書く 崩して書く |
| タイミング | なるべく早く | 遅れる |
| はがきを利用する場合 | 近況報告 友人宛で出す | 重要な内容を書く 目上の人宛に出す |
| 頭語と結語の一致 | 「拝啓」→「敬具」 | 「前略」→「敬具」 |

第1章 失敗しない文書の書き方

れたことについてのお詫びや理由も書き添えるようにしましょう。

## ● 手紙の基本の形を押さえておく

手紙は、書き出しの言葉である頭語から始まって、結びの言葉である結語で終わります。正式には、以下の①〜⑨の順番で書き進めることになります。

① 頭語

手紙の最初に書く言葉で、「拝啓」「一筆申し上げます」など、決まった表現があります。期首・冒頭語とも呼ばれます。結語と一致させる必要があります（次ページ）。

② 前文

時候のあいさつ（21ページ）、先方の安否、自分の消息、お礼・お詫びなどを書きます。

③ 主文

「本題です。さて」「つきましては」などの起語から入るとスムーズな印象になります。

④ 末文

手紙の締めくくりにあたる挨拶です。主文の内容にあわせて書くとよいでしょう。たとえば、「まずはご連絡まで」「末筆ながら、○○様にもどうぞよろしくお伝えください」などと書きます。

⑤ 結語

末文を受けて手紙を結ぶ言葉です。頭語と対応した語を使います。「拝啓」（頭語）→「敬具」（結語）などと書きます（次ページ）。

⑥ 日付

通常は投函日にあわせて月日を記しますが、通知状などの場合には年号も入れるようにします。

⑦ 署名

姓名ともに書くのが基本ですが、親しい間柄の場合には、名前や姓

## 頭語・結語を一致させる

### ① 一般的な場合

| 頭語 | 拝啓・啓上・一筆申し上げます・一筆啓上致します・一筆啓上・一筆呈上 |
|---|---|
| 結語 | 敬具・拝具・再拝・敬白・頓首・かしこ(女性)・ではまた・いずれまた |

### ② 改まった場合

| 頭語 | 謹啓・謹呈 |
|---|---|
| 結語 | 謹言・謹白 |

### ③ 前文省略時

| 頭語 | 前略・冠省・略啓・前文お許しください |
|---|---|
| 結語 | 草々・不一・早々・不具・頓首 |

### ④ 急ぎの時

| 頭語 | 急啓・急呈・取り急ぎ申し上げます・さっそくですが |
|---|---|
| 結語 | 草々・早々・では・いずれまた |

### ⑤ 初めて出す時

| 頭語 | 突然で失礼致します・突然お手紙を差し上げる失礼をお許しください |
|---|---|
| 結語 | 敬具・拝具・かしこ(女性)・草々 |

### ⑥ 重ねて出す時

| 頭語 | 再啓・再呈・追啓 |
|---|---|
| 結語 | 再拝・拝具・敬白・草々 |

### ⑦ 返信時

| 頭語 | 拝復・復啓・謹復 |
|---|---|
| 結語 | 拝答・敬答・謹答 |

第1章 失敗しない文書の書き方

だけで済ませる場合もあります。ビジネス文書の場合には、役職名も書くようにしましょう。

⑧ 宛名・敬称

受取人の姓名を正確に記します。手紙の中でも最も間違いの許され

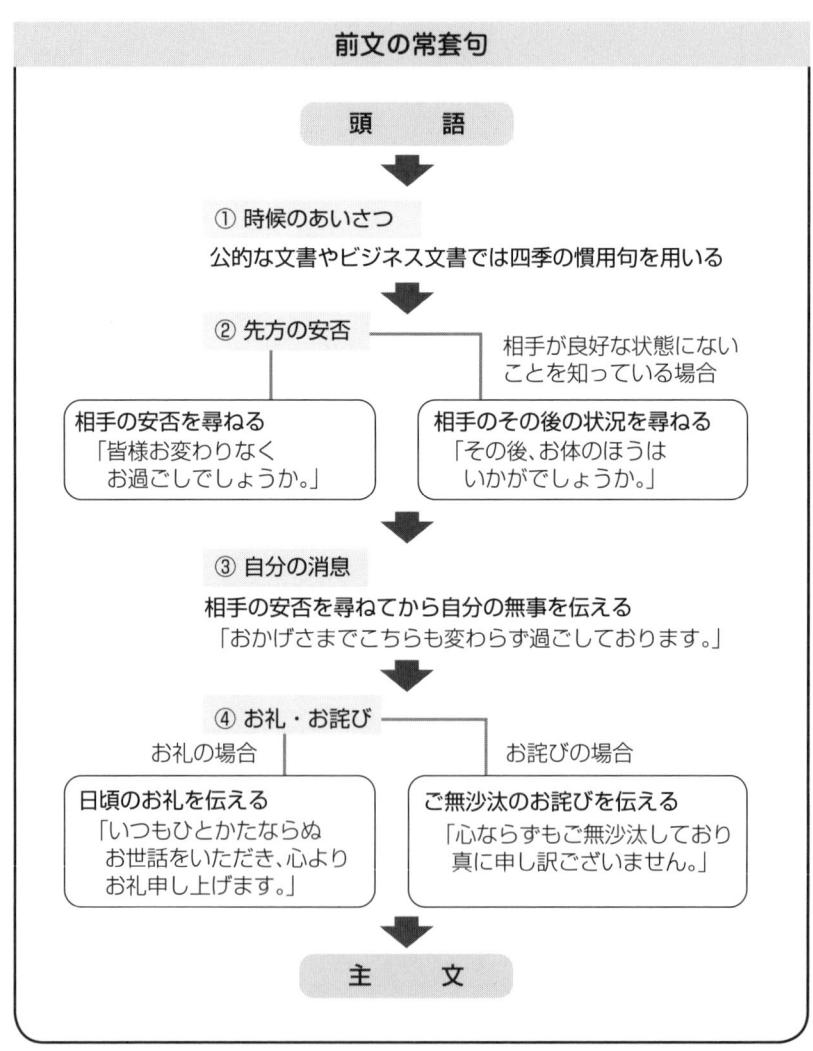

ない部分と言えます。書き間違いや略字は禁物です。相手が団体の場合には、団体名を省略せずに書き、部署名なども書いた上で、担当者がいる場合にはその担当者名を正確に書きます。

宛名につける敬称としては、「殿」「先生」が使われることもありますが、一般的には「様」とします。

⑨　副文

本文と別の用件がある場合や、追加して伝えたいことがある場合などに書くもので、なくてもかまいません。2、3行程度でおさえるようにします。「追伸」「なお」などと書きます。

## 言葉づかいの正しい知識を知っておこう

手紙に用いる言葉は、自分と相手との関係によって、書き分ける必要があります。たとえば、目上の人に対して、友人に対するのと同じようなくだけた表現をするのはマナー違反と言えます。特に、依頼や断り、謝罪などの手紙を書く際に、こうした言葉づかいを間違えると、常識知らずな印象を与えるだけでなく、場合によっては心証を悪くしてしまいます。また、社外の人宛のビジネス文書で間違った表現を使ってしまうと、自分だけでなく自社の印象も悪くなってしまいますから、注意して下さい。

日本語の言葉には、丁寧語、尊敬語、謙譲語、尊称、卑称という独特の言い回しがあります。

目上の人や立場が上の人に対しては尊敬語（敬語）を用いると共に、対する自分に関する表現は謙譲語を使います。ビジネス文書の際に気をつけなければならないのは、自分の上司の行動を表す場合です。相手が社外の人に対しては、自分の上司でも謙譲語を用います。一方、社内で自分と上司とのやりとりに使う文書では、上司に尊敬語、自分に謙譲語を用います。

「あなた」「貴殿」「貴兄」「ご尊父」「皆様」「ご子息」などの尊敬語

を使う相手や相手の身内等を敬って呼ぶ言葉を尊称と言います。相手の意見や住所、家、品物などについても「ご意見」「ご考察」「御当地」「貴地」「そちら」「お宅」「貴宅」「ご厚志」「佳品」などの尊称があります。一方、「私」「小生」「当方」「父」「私ども」「家中」「家族一同」「愚息」など、相手に対して自分や自分の身内を一段低く示す言葉を卑称と言います。自分の意見や住所、品物などについても「私見」「愚案」「当地」「当所」「こちら」「拙宅」「小宅」「寸志」「粗品」などの卑称があります。

なお、丁寧語は、上下関係とは関係なく使うことができる言葉で、

### 敬語の正しい使い方

| | 尊敬語 | 謙譲語 |
|---|---|---|
| 言う | おっしゃる・言われる | 申す・申し上げる |
| 見る | 見られる・ご覧になる | 拝見する |
| 聞く | 聞かれる・お聞きになる | うかがう・拝聴する |
| 行く | 行かれる・おいでになる　いらっしゃる | まいる・あがる　うかがう・参上する |
| 来る | いらっしゃる・来られる・おいでになる・お見えになる | まいる・あがる・うかがう |
| 訪ねる | お訪ねになる・訪ねられる | うかがう・お訪ねする |
| 思う | 思われる・お思いになる | 存じます |
| 知る | 知られる・お知りになる | 存じます |
| いる | いられる・いらっしゃる　おいでになる | おる |
| する | される・なさる・あそばす | いたす |
| 会う | 会われる・お会いになる | お目にかかる |

文字通り、言葉づかいを丁寧に表現するものです。「座る」を「座ります」に変えた場合のように、動詞に「です」「ます」をつけると丁寧語になります。さらに、「こちらです」という表現を「こちらでございます」と変えた場合のように、「です」を「ございます」にする場合も丁寧な表現です。

　また、一般的に、「お菓子」「ご予約」など、名詞に「お」「ご」をつけると丁寧語になります。ただし、名詞ならどんなものでもつけられるのかというとそうではありません。「お紅茶」「ごメール」などとは使いませんので、注意して下さい。

　日常生活で、尊敬語と謙譲語を間違って使ってしまうケースは多いようですが、手紙の場合には目立ちやすいので、誤用しないように注意して下さい。手紙でよく用いる動詞についての正しい尊敬語と謙譲語を20ページの図にまとめてみましたので、参考にして下さい。

## ● 知っておくと便利な慣用句と時候のあいさつ

　主文につなげる時候のあいさつは、改まった手紙や公的文書、ビジネス文書の場合にはたいてい慣用的な言い回しを用いますが、一般的な手紙を書く場合でも、知っておくと便利です。23ページに月ごとによく使われる時候のあいさつをまとめておきましたので、参考にして下さい。時候のあいさつを書く際には、こうした慣用句をそのまま使ってもかまいませんが、自分なりに手を加えて工夫すると個性的な文章となります。このように、時候のあいさつは、この表現でなければならない、というわけではありません。通り一遍な印象を与えたくない場合には一工夫してみるとよいでしょう。自分で考える際には、形式にとらわれずに自分の言葉で書きましょう。無理に風流なことを思い浮かべて書こうとするよりも、庭先に咲いている花や通勤時に見かける雲の形など、自分の周りで見つけた小さな季節の変化を織り交ぜるとよいでしょう。自分で考える場合には、あれこれと書き並べた

くなるかもしれませんが、さりげなく書くことも大事です。

　なお、お悔やみ、お見舞いなどの手紙の場合には、時候のあいさつは省略します。相手が大変なときにのんびりとした時候のあいさつを書くことは、かえって相手に不快な思いをさせることになるからです。

　また、重要な用件、急用を伝える場合にも、時候のあいさつを省略しても失礼にはなりません。

## ● 封筒とハガキについて

　封筒には和封筒と洋封筒の2種類があります。和封筒には縦書きで書きますが、洋封筒の場合には、縦・横どちらでも書けるものが多いようです。文房具店に行くとどれを使うか迷ってしまうほど様々な封筒が売られています。封筒には、差出人の人柄がよく現れるものですから、自分の趣味にあったものを選びたくなる場合もあるでしょう。

　しかし、公的な文書や目上の人に出す手紙、依頼や催促、お詫びといった内容の文書を送る場合には、やはり白無地二重封筒を用いるべきでしょう。ただし、仏事関連の手紙の場合には二枚重ねではなく白無地一重封筒を用います。

　また、気軽に日常的な用件を伝えるような場合、ちょっとしたお礼状や問い合わせをする場合などには、ハガキを用いてもよいでしょう。ハガキに書く場合には、縦書きでも横書きでもどちらで書いてもかまいません。また、紙面の2分の1を超えない限り、ハガキの表に文章を書いてもよいことになっています。差出人の住所や日付に関しては、表と裏のどちらの面に書いてもかまいません。たまに、「拝啓」「敬具」などと書かれたハガキを見かけることがありますが、こうした語句は、ハガキには用いません。もともとハガキは、ちょっとした内容を伝達するために用いられるものですから、形式的なことは割愛して、手短に用件を書くようにしましょう。

　ただ、ちょっとしたことを書く場合であったとしても、その文書を

依頼や謝罪目的で出す場合には、ハガキではなくきちんとした封書で出すべきです。また、改まった用件や他の人に読まれると困るような内容のものをハガキに書いて出すのは、マナー違反です。場合によっては、相手に迷惑をかけることもありますから、注意して下さい。

### 時候のあいさつ

| | あいさつ | 季節のもの・行事 |
|---|---|---|
| 1月 | 謹賀新年・恭賀新年・新春の候（正月）厳冬の候・松の内もすぎ・寒さ厳しき折 | 初詣・書初め・七草粥・雪だるま |
| 2月 | 春とは名のみの寒さ・梅の花もほころび・春の訪れが待ち遠しい・立春の候 | 晩冬・節分・豆まき |
| 3月 | 早春の候・春暖の候・春分の候　暑さ寒さも彼岸までと申しますが | 春雨・春風・ひな祭り・春休み |
| 4月 | 陽春の候・春暖の候・うららかな春 | お花見・始業式 |
| 5月 | 新緑の候・風薫る季節・惜春の候 | 薫風・立夏・子供の日・母の日 |
| 6月 | 初夏の候・麦秋の候・入梅の候 | 長雨・入梅・夏至・父の日 |
| 7月 | 盛夏の候・炎暑の候・暑さが日ごとに厳しさを増し | 七夕・夏休み・山開き・海開き |
| 8月 | 残暑の候・晩夏の候・残暑厳しき折 | 納涼・花火・稲妻 |
| 9月 | 初秋の候・野分の候・日ごとに秋めいて | 秋晴れ・秋の七草・彼岸 |
| 10月 | 仲秋の候・秋冷の候・紅葉の候 | 錦秋・渡り鳥 |
| 11月 | 晩秋の候・菊花の候・初雁の候 | 立冬・紅葉狩り |
| 12月 | 初冬の候・寒冷の候・師走の候 | 冬至・忘年会 |

第1章　失敗しない文書の書き方

## 3 eメールの効果的な出し方
### メールのメリット・デメリットを知る

● **メールの送受信時の注意点**

　他人に言えないようなことを相手に伝える場合、メールを利用することは、通常はありません。メールは非常に便利な連絡手段ですが、多額の借金の催告や認知の請求など重要な案件を伝えることには適していません。その理由として、相手にメールの内容が伝わらないことが考えられます。毎日メールを確認する人であればよいのですが、メールの確認をしない人も多いので、要件がすぐに相手に伝わらないことがあります。また、パソコンのトラブルなどで相手に届かないこともあります。

　ただ、メールがまったく利用できないということはありません。たとえば、正式な文書を送る前に、相手に簡単に文書の内容を伝える場合には利用できますし、また、ネット関係のトラブルであれば、それまでもメールでやりとりをしていることが多いので、メールで連絡を取り合うのが一般的です。

　つまり、やり方によってはメールを利用することで、相手に自分の要求や思いを効果的に伝えることもできます。そのためには、メールの効用をしっかりと理解する必要があります。以下でメールのメリットとデメリットを見ていきましょう。

● **メールのメリット**

　メールの一番の利点と言えるのは、相手の時間に割り込むことなくメッセージやデータを送ることができる、という点です。たとえば、謝罪文でしたら、すぐに送るのが礼儀ですが、FAXなどを深夜

に送ってしまうと相手をよけいに怒らせてしまうことになります。一方、メールでしたら、深夜に送ったとしても、相手に対して失礼にはあたりません。

　また、メールを利用するにあたって、そのやりとりを文書データとして残すことができるのは大きなメリットと言えるでしょう。たいていのメールソフトでは、送受信の日時・相手先などの情報を保存してくれます。金銭などを請求する場合、電話だと金額を間違うことがありますが、メールの場合、文書で送られるので金額を間違うことはありません。

## ● メールのデメリット

　一方、メールにはデメリットもあります。メールのメリットとして、「時間の融通がきく」という点があります。送る側にとっても、受け取る側にとっても時間を拘束されない、という点ではよいのですが、この利点は送る側にとっては逆に、「相手がいつそのメールを読んでくれるかがわからない」という不便さにつながります。緊急に返答を要するような用件の場合は、メールは避けたほうが無難でしょう。

　また、パソコンは勝手に他人に触れられるということが考えられます。特に、他人に伝えられないような内容の文書が、相手ではなく、相手の配偶者などに見られた場合、送った本人にも、送られた相手にも何らかの悪影響を及ぼすことが考えられます。そのため、他人に見られては困るような内容の文書であれば、メールは避けたほうがよいでしょう。

# 4 法律文書の活用法
## 一般に法律文書には強制力がある

### ◉ 法律に根拠のある強制力のある文書

　法律を根拠に書かれた文書を法律文書といいます。法律が根拠になっていますから、法律文書にはしたがう必要があります。したがわない場合には、何らかのペナルティが課せられるようになっています。

　たとえば、売却した商品代金を支払わない会社に対して代金の支払いを請求する文書（13ページ）を例にとってみましょう。この文書は、商品代金を一定の期限までに支払うよう求めるものです。期限までに支払われない場合には訴訟などを起こし、損害賠償などを請求することができます。この文書の法律的な根拠は、民法にあります。民法によると、売買代金などの債務を支払わない場合には、債務不履行（債務を返済しないこと）となります。債務不履行の相手方は、損害賠償を請求できるとされています。

　このように、法律文書は、相手に何らかの命令をするものであり、その根拠には法律による強制力があるといえます。以下で、よく利用される法律文書について見ていきましょう。

① **遺言書**

　遺言書とは、相続人に自分の思いを伝える文書のことです。一般には、死後、自分の財産をどのように相続人に分配するのかを記載します。その他、子供の認知（婚姻関係にない男女の間に生まれた子を自分の子として認めること）や相続人の資格を失わせること（廃除）などができます。相続人は、原則として、遺言にしたがって財産を分配することになります。

　なお、「家族皆仲良くする」「葬式は家族だけにしてほしい」など、

遺産の分配方法以外のことも遺言書に記載することができます。

ただ、このような遺言には強制力がありません。

② 示談書

交通事故などで被害を受けた場合、訴訟などを起こし、相手に損害賠償を求めることになりますが、訴訟は時間と費用がかかります。できるなら訴訟をせず、当事者同士が話し合いをして、合意をしたほうが、効率的です。この当事者の合意を記載した書面のことを示談書といいます。

③ 催告書

催告書とは、相手に一定の行為を要求する文書のことですが、一般には、相手に借金の支払い（128ページ）や飲食代金の請求（129ページ）など、金銭の支払いなどを請求する際に利用されます。

請求書や督促書と呼ばれることもあります。

④ 回答書

回答書とは、相手に一定の行為を要求された場合に、その要求に対して意見を述べることをいいます。セクハラで訴えられた場合（135ページ）や他の会社から類似商号を指摘された場合（137ページ）に相手の要求に対して反論する文書として利用されます。

⑤ 警告書

相手の行為に対して、警告を発する文書です。相手が警告を発した行為をやめない場合には、訴訟などを提起することになります。抗議書と呼ばれることもあり、迷惑駐車の禁止（148ページ）や工事の中止（149ページ）などを求める際に利用されます。

## ● 証拠を残したい場合には内容証明郵便

内容証明郵便は、法律文書ではありませんが、法律文書と非常にかかわりのある郵便であるといえます。

内容証明郵便は、「誰が、どんな内容の郵便を、誰に送ったのか」

を郵便局が証明してくれる特殊な郵便です。

　たしかに、一般の郵便物でも書留郵便にしておけば、郵便物を引き受けた時から配達されるまでの保管記録は郵便局に残されます。しかし、書留では、郵便物の内容についての証明にはなりません。その点、内容証明郵便を配達証明つきにしておけば郵便物を発信した事実から、その内容、さらには相手に配達されたことまで証明をしてもらえます。これは、後々訴訟にでもなった場合の強力な証拠になります。

　証拠が残る郵便ですから、前述した法律文書（遺言書を除く）のような重要な文書は、通常のハガキや封書などでなく、内容証明郵便で送ったほうがよいでしょう。

　ただ、内容証明郵便自体は、特別な法的効力をもつものではありません。法的な効力が問題になるのは、書かれた内容の方です。内容証明郵便に書かれている内容が真実であることを証明してくれるものではありません。ただ、特殊な郵便物ですから、それを受け取った側は、たいてい何らかの反応をしてきます。相手にお金を貸しているような場合、それまで何度請求してもなしのつぶてだったのが、分割払いの申し出があったり、支払延期の申し出があったりするかもしれません。

## ● 同じ内容のものが最低3通必要である

　内容証明郵便は、受取人が1人の場合でも、同じ内容の文面の手紙を最低3通用意する必要があります。ただ、全部手書きである必要はなく、コピーでも大丈夫です。郵便局ではそのうち1通を受取人に送り、1通を局に保管し、もう1通は差出人に返してくれることになっています。同じ内容の文面を複数の相手方に送る場合には、「相手方の数＋2通」分用意します。

　用紙の指定は特にありません。手書きの場合は、原稿用紙のようにマス目が印刷されている市販のものを利用するとよいでしょう。ワープロソフトで作成することもできます。

内容証明郵便で1枚の用紙に書ける文字数には制約があります。縦書きの場合は、1行20字以内、用紙1枚26行以内におさめます。横書きの場合は、①1行20字以内、用紙1枚26行以内、②1行26字以内、用紙1枚20行以内、③1行13字以内、用紙1枚40行以内に収めます。つまり、用紙1枚に520字までを最大限とするわけです。もちろん、長文になれば、用紙は2枚、3枚となってもかまいません。ただ、枚数に制限はありませんが、1枚ごとに料金が必要になります。これについては後述します。

　使用できる文字は、ひらがな・カタカナ・漢字・数字です。英語は固有名詞に限り使用可能です。数字は算用数字でも漢数字でも使用できます。また、句読点や括弧なども1字と数えます。一般に記号として使用されている＋、－、％、＝なども使用できます。

### 内容証明郵便の書き方

| | |
|---|---|
| 用　紙 | 市販されているものもあるが、特に指定はない。B4判、A4判、B5判が使用されている。 |
| 文　字 | 日本語のみ。かな（ひらがな、カタカナ）、漢字、数字（漢数字）。<br>外国語（英字）は不可（固有名詞に限り使用可） |
| 文字数と行数 | 縦書きの場合　　：20字以内×26行以内<br>横書きの場合①：20字以内×26行以内<br>横書きの場合②：26字以内×20行以内<br>横書きの場合③：13字以内×40行以内 |
| 料　金 | 文書1枚（420円）＋郵送料（80円）＋書留料（420円）＋配達証明料（差出時300円）＝1220円　文書が1枚増えるごとに250円加算 |

## 内容証明郵便サンプル（横書きの例）

請求書

当方は、平成○○年○月○日、貴殿に対し、金○○万円を、利息年1割8分、損害金年2割9分、弁済期を平成△△年△月△日と定めてお貸しいたしました。しかしながら、貴殿からは、弁済期が徒過した現在にいたるも、なおそのご返済をいただいておりません。

つきましては、本書面到達後2週間以内に、右元本50万円及びこれに対する平成○○年○月○日から完済にいたるまで年1割8分の割合による利息並びに年2割9分の割合による遅延損害金をお支払いいただきたく、本書面をもってご請求申し上げます。

なお、右期間内にお支払いのない場合には、法的手続をとらせていただく所存でありますことを念のため申し添えます。

平成××年×月×日

　　東京都○○区○○町×丁目×番×号
　　　　株式会社○○○○
　　　　代表取締役○○○○　印

　　東京都○○区○○町×丁目×番×号
　　　　　　　　　　　○○○○　殿

# 第2章

# 婚約破棄・離婚・男女問題

# 本章のポイント

## ● 男女問題にもいろいろある

　男女問題には離婚をはじめ婚約破棄などがありますが、これらの問題には法律が密接に絡んできます。そのため、文書を作成する際には、ある程度の法律知識が必要になります。ここでは、男女問題にかかわる基本的な法律知識を見ていきましょう。

## ● 婚約をめぐる法律問題

　婚約とは、将来の結婚を約束することです。婚約が成立すると、当事者はお互いに誠意をもって交際し、結婚を実現させるように努力をしなければならない義務が生じます。契約である以上、相手が正当な理由なしに婚約を破棄した場合には、当然、損害賠償の請求をすることができます。

　婚約が破棄された場合、婚約披露の費用や仲人への謝礼金など現実にかかった費用は当然請求できますし、結婚準備のために今まで勤めていた会社をやめたことによる損害も、損害賠償として請求できます。さらに、精神的苦痛に対する慰謝料も請求できます。ただ、損害賠償や慰謝料を請求できるのは、相手方が婚約を不当に破棄した場合だけであり、正当な事由のあるときは、その支払いを請求できません。正当な事由といえるものとしては、婚約を破棄された側に不貞な行為（不倫など）があった場合などがあげられます。

## ● 法律上婚姻が成立するために必要なこと

　民法では結婚のことを婚姻といいます。婚姻することによって夫婦

には、同居・協力・扶助・貞操義務が生じます。

ただ、婚姻の成立は無条件に認められているわけではありません。婚姻が成立するためには、以下の実質的要件と形式的要件を満たしていなければなりません。

① 実質的要件
・当事者である男女双方に婚姻をする意思、夫婦関係を成立させようとする意思があり、その意思が合致していること
・男は18歳、女は16歳の婚姻年齢に達していること
・重婚（配偶者がいるのに、別の相手と婚姻すること）でないこと
・女性の再婚については、再婚禁止期間（前婚の解消、または取消の日から6か月）を経過していること
・近親者間の婚姻でないこと
・未成年者の婚姻については、父母の同意があること

② 形式的要件

戸籍法という法律の定めるところに従い、婚姻届を市区町村長に提出します。

結婚とは、きわめて私的な要素が強いものですが、一方では、法律の定めにしたがって、社会的な秩序を守り、生まれた子どもを養育す

**結婚と内縁の違い**

|  | 結婚 | 内縁 |
| --- | --- | --- |
| 夫婦として生活する意思 | 認められる | 認められる |
| 同居義務・貞操義務 | あり | あり |
| 関係解消時の財産分与 | 認められる | 認められる |
| 婚姻届の提出 | 提出している | 提出していない |
| 生まれてきた子の扱い | 嫡出子となる | 非嫡出子となる |
| 相続権 | あり | 内縁配偶者には法定相続権なし |

るための家庭をつくっていく、という意味合いも備えています。そのために婚姻届を提出すると考えてください。

結婚すると互いに貞操義務が生じます。そのため、不倫をした場合には、離婚の原因になります。

## ◉ 内縁とは

夫婦同然に生活をしていて結婚の意思もあるが、婚姻届は出していない場合を内縁と言います。すでにだれかと婚姻届を出している状態だが、別のだれかと結婚するつもりで同棲している、というケースも内縁関係にあたります。これを重婚的内縁関係といいます。

婚姻の場合は、夫婦として一緒にやっていく意思がなければ婚姻届を提出しても、無効です。

一方、これとは逆に、一緒にやっていく意思がお互いにあって、実生活では全く夫婦のように暮らしていても、婚姻届を出していなければ、法律上は結婚していることにはなりません。

このように、「結婚してお互いに夫婦としてやっていく意思はあっても、婚姻届を出していない」状態が内縁です。

## ◉ 離婚をめぐる法律問題

終生の共同生活を契り合った2人が、不幸にも離婚する場合があります。

民法は、当事者の合意による届出という形での協議離婚をはじめとして、調停離婚（裁判所を介した話し合いで離婚すること）や裁判離婚（裁判による離婚）について定めています。

日本の法律では、「家庭内で起こる問題についてはできるだけ当事者にまかせ、法律が立ち入るのは最終的な場面に限る」という考え方が一般的です。

したがって、離婚の場合も当事者同士で話し合いをして、2人の間

で話がまとまれば、たとえどのような理由であろうとも離婚することができます。

このような離婚を協議離婚といい、実際に離婚する夫婦の9割以上が協議離婚によって離婚しています。協議離婚では、離婚届の用紙に必要事項を記入して提出すれば、離婚成立となります。

なお、離婚にともなって支払われる金銭を離婚給付金といいます。この給付金には、財産分与、慰謝料、養育費があります。財産分与は、夫婦が婚姻中に築いたお金を清算することです。あくまで清算なので不倫をした者であっても請求することができます。慰謝料は、相手から受けた精神的苦痛に対して支払われるお金です。具体的には、浮気や不倫などの不貞、暴行や虐待などが、慰謝料請求の対象になります。養育費は、子供の養育のためにかかる費用で、子どもを引き取る側（おもに妻）が要求するのが一般的です。

離婚することの合意はできているものの、離婚給付金の額などについて合意ができないため、協議離婚ができず、調停離婚となるケースがよくあります。

## ● 調停離婚とは

夫か妻のどちらかが離婚したくない場合や、財産分与、慰謝料、養育費などの金銭的な問題や子どもの親権など、離婚する上での条件についてもめた場合は、協議離婚というわけにはいきません。

離婚の条件などでもめて、2人の間で話し合いがつかない場合は、まず家庭裁判所で離婚の調停をしなければなりません。

これを調停前置主義といいます。家庭裁判所で調停委員（調停を手助けする者）をまじえて話し合いを行い、ここで話し合いがまとまれば離婚することができます。

## ● 審判離婚とは

　調停によっても話がまとまらず、調停委員が審判にまわしたほうがよいと判断した場合、あるいは離婚には応じるが、金銭問題で解決がつかないといった場合には、家庭裁判所で審判をすることになります。
　この審判による離婚を審判離婚といいます。審判は、文字通り家庭裁判所が「審判を下す」のですから、話し合いは行われませんが、審判の結果に納得がいかなければ不服を申し立てて、訴訟を起こすことができます。

## ● 裁判離婚とは

　調停で話し合いがつかない、家庭裁判所の審判にも納得がいかない、ということになれば、最終的には離婚訴訟を起こして離婚の請求をすることになります。これが裁判離婚です。訴訟を起こす場合には、相手の不貞行為など一定の離婚事由が必要です。

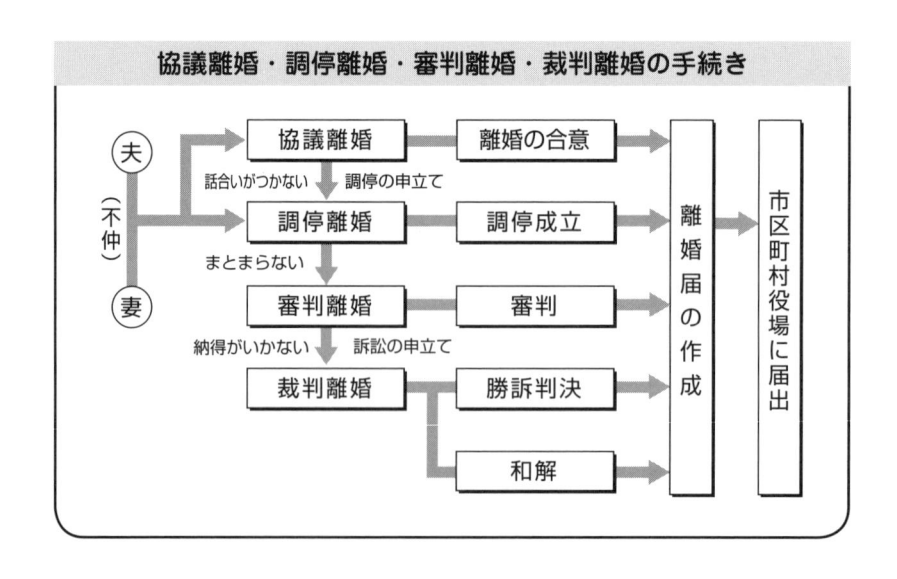

### 協議離婚・調停離婚・審判離婚・裁判離婚の手続き

夫（不仲）妻
- 協議離婚 → 離婚の合意
- 話合いがつかない／調停の申立て
- 調停離婚 → 調停成立
- まとまらない
- 審判離婚 → 審判
- 納得がいかない／訴訟の申立て
- 裁判離婚 → 勝訴判決
- → 和解

→ 離婚届の作成 → 市区町村役場に届出

## ● 親子関係をめぐる法律問題

親子関係には、血縁関係のある自然の親子（実親子）と、自然の血縁はないが、親子関係が擬制（法律上そのようにみなすこと）される養親子とがあります。

民法は、親との間に血のつながりがあると法律上認められる実子を嫡出子と非嫡出子（嫡出でない子）とに分けています。嫡出子は、婚姻関係にある男女の間に生まれた子（婚姻子）で、それ以外の子を非嫡出子（婚外子）といいます。これは、婚姻制度を維持するために法の手続きをふんで婚姻している男女の結びつきを正当と認め、それ以外の男女の結びつきから生まれた子と区別するものです。

非嫡出子も自分の父親が死んだ場合、父親の財産を相続する権利を持ちます。ただし、遺言があれば別ですが、それがなければ非嫡出子の相続分は嫡出子の2分の1とされています。同じ親をもつ子供なのに、そのように差別するのはおかしいと、たびたび議論になっていますが、現状はそのままです。

## ● 認知について

非嫡出子は、そのままでは法律上「父のない子」です。非嫡出子が父親との間に親子関係をもつには、父親の認知が必要です。認知には、父が自らの意思でする任意認知と、裁判によって確定される裁判上の認知（強制認知）があります。いずれの場合も認知された結果、その子と父親は、生まれたとき（認知されたときではない）から親子であったことになります。

なお、父親が認知した後に、その子の母親と結婚すると、子は嫡出子になります。また、非嫡出子の母と父が婚姻し、後に子を認知した場合も同様です。これを準正といいます。認知先行の場合が婚姻準正、婚姻先行の場合が認知準正です。

## 文例1　不倫相手の配偶者に謝罪する

平成○○年○月○日

○○○○様

○○○○

拝啓

　このような手紙を差し上げますことは、何とも面目なく、お詫びの仕様もございません。

　すでに貴方様のご存知のとおり、私は△△△△様が妻子ある身であることを知りながら△△△△様と３年半に渡り関係を継続しておりました。この期に及んでこのようなことを申し上げるのも心苦しいのですが、仕事も恋愛もうまくいかず、心身ともに疲れ果てていた私にとって、△△△△様と過ごしていた時間だけが幸せでした。

　しかし、あの日、自宅に押しかけてきた貴方様が、「絶対に許さない」と泣き叫ぶ姿を見て目が覚めました。

　先月、会社には退職届を出し、再来月には転居する予定です。

　このような手紙を書いたところで許していただけるとは考えておりませんが、今後、二度と貴方様のご夫君の前に現れないことをお約束すると共に、重ね重ねお詫びを申し上げます。

敬具

**Advice**

不倫相手の配偶者に詫び状（謝罪状）を提出するかどうかは判断が難しい。詫び状を提出することは、不倫関係を認める証拠になってしまうので、慰謝料を請求される事態が生じ得るからである。

ただ、相手方が傷つけられた家庭関係の修復だけを望み、裁判沙汰にならないようであれば、気持ちに踏ん切りをつける意味を含めて、このような文書を送ってみるとよい。

## 文例2　不倫したことを配偶者に謝罪する

平成○○年○月○日
○○○○様
　　　　　　　　　　　　　　　　　　○○○○

拝啓
　突然お手紙を差し上げる無礼をお許しください。
　家を出て3か月、○○と離れて1人で暮らすようになって、家族こそが自分にとってかけがえのない存在であることを実感すると共に、自分のしたことの愚かさを痛感しています。
　後腐れない割り切った関係と思ってしていたことがすべて貴方の知るところであったとは、今さらながら申し開きの仕様がありません。
　○○を裏切り、家庭を顧みず、家族の幸せを壊した罪は、簡単に償えるものとは思っていません。
　ただ、もしもう一度チャンスをもらえるのであれば、生まれ変わったつもりで、○○と息子の△△と一緒に人生をやり直したいと切に願っています。
　もし、許していただけるのであれば、連絡をください。
　　　　　　　　　　　　　　　　　　　　　　　敬具
追伸
　生活費を同封します。何かの足しに使ってください。

**Advice**　不倫が露見した後にどうなるかはその夫婦しだいということになるが、即離婚という結論に至らないケースも多い。誠意を込める意味で現金や品物を送付することも検討すべきだが、金銭や品物の送付が逆に怒りを買うこともあるので、状況判断が大切である。

第2章　婚約破棄・離婚・男女問題

### 文例3　婚約を破棄する

　　　　　　　　　　　　　　　　　　　　平成○○年○月○日
○○○○様
　　　　　　　　　　　　　　　　　　　　　　　○○○○

　さて、私と貴方は、去る平成○○年○月○日に、○○○○氏立会いのもと、結納を取り交わして婚約いたしました。
　しかし、1か月前の平成○○年○月△日に、4年前から貴方と交際している△△△△氏から連絡がありました。△△△△氏の話から、私は、貴方と△△△△氏が2年後に結婚することを約束していること、私と婚約した後も△△△△氏と貴方が泊りがけの旅行に4回ほど出かけていることを、知りました。
　このような不誠実な振る舞いをし続けている貴方を信じることができなくなりました。
　そのため、貴方との婚約を解消させていただきます。また、婚約の解消にあたり、貴方から受け取った結納金○○万円をお返しいたします。

**Advice**　結納金を取り交わしている場合、婚約を解消するときには結納金を受け取った者は相手方に返還しなければならない。なお、この場合、相手側に婚姻を解消する原因があったとしても返さなければならないので注意が必要である。

## 文例4　婚約を破棄されたことに対する損害賠償を求める

平成○○年○月○日

○○○○様

○○○○

### 請求書

　去る平成○○年○月○日に貴方と私は結納を取り交わし、婚約いたしました。

　しかし、挙式を2か月後に控えた○○年○月△日に、結婚する気がなくなった、という理由だけで、貴方は一方的に私との婚約を破棄しました。この時、ご承知のように、披露宴の案内を、親族・勤務先・友人に通知済みでした。また、私自身も結婚後に他県への転勤が決まっていた貴方との結婚に備えて、11年間研究員として勤務した○○株式会社を退職した直後でした。

　このように、貴方の一方的で誠意のない行為によって、私は経済的にも精神的にも多大な損害を受けました。つきましては、慰謝料として○○○万円を請求いたします。なお、○○年△月○日までに上記慰謝料をお支払いいただけない場合には、法的措置を講ずる用意がありますことを、念のため申し添えておきます。

**Advice**　婚約は、結婚することを約束したものなので、一方的に破棄された場合には、慰謝料を請求することができる。

第2章　婚約破棄・離婚・男女問題

## 文例5　配偶者の浮気相手に交際中止を求める

平成○○年○月○日

○○○○様

○○○○

前略

　去る平成○○年○月○日、貴方と私の夫が交際していることを貴方の会社の同僚である△△さんと□□さんから聞きました。私が夫に事実関係を確かめたところ、夫は、貴方が夫の取引先の購買担当者であること、立場上、貴方からの誘いを断れなかったことを説明しました。その後、私は事実関係を確かめるため、貴方の友人の○○さんからも状況を説明していただきました。△△さん、□□さん、○○さんが、一致して説明してくれたのは、私の夫が既婚者であることを知りながら、貴方が一方的に私の夫の弱みに付け込んで交際を迫っていたということです。貴方のこうした行為は、私たち夫婦生活を脅かす、非常に迷惑な行為です。ただちに夫との交際を中止してください。また、平成○○年○月△日までに、慰謝料○○万円を支払うよう、請求いたします。

　なお、上記請求に対応していただけない場合には、法的措置を講ずる用意がありますことを申し添えしておきます。

草々

**Advice**　相手が既婚者であることを知っていながら積極的に交際を続けていた者に対して交際相手の配偶者は、慰謝料を請求できるのが原則である。ただし、上記ケースと異なって、配偶者が既婚者であることを浮気相手が知らなかった場合には、請求することは難しくなる。

## 文例6　同棲していた男性に子供を認知してもらう

平成○○年○月○日

○○○○様

○○○○

拝啓
　寒い日が続きますが、いかがお過ごしでしょうか。
　貴方が私の下を去って1年が経過し、ようやくご連絡差し上げることができました。
　妊娠を報告したあの日を覚えていらっしゃるでしょうか。明朗快活な貴方の顔がみるみる青ざめ、黙り込んでしまった日のことを、私は昨日のことのように覚えています。それから1週間後、貴方は書置きを残して去っていきました。
　すでに貴方の心が私から離れていることは重々承知しております。ただ、いざ子育てをはじめてみると、父親がいない○○が不憫でならず、ペンを執った次第でございます。認知だけしていただければ、それ以上の請求をするつもりはありません。
　なお、すでに弁護士の先生にもご相談しており、法的手段も検討していることをあわせてお伝え申し上げます。

敬具

### Advice

その子供がその女性から産まれてきた時点で子の母親は確定する。ただ、内縁関係で出産した場合、認知という手続きを踏まないと法的には父子関係が成立しない。ドラマではしばしば「貴方せめて認知だけは」と懇願するシーンがあるが、確かに、子の将来を考えると、認知だけはしてもらわなければならない。

第2章　婚約破棄・離婚・男女問題

## 文例7　別居中の配偶者に離婚を申し出る

平成○○年○月○日

○○○○様

○○○○

拝啓
　余寒なお厳しき折、いかがお過ごしでしょうか。
　平成○○年○月に貴方と別居してから、早いものでもう5年の年月が経過いたしました。別居してから1年経過した平成○○年○月○日に△△△△氏との交際をやめることを固く約束した貴方でしたが、その後も△△△△氏との交際を続けていることは存じております。私は、貴方のその不誠実な対応が続いている現状から、もはや貴方とこのまま婚姻関係を続けることは困難であると判断いたしました。
　つきましては、貴方との婚姻関係を解消したいと思いますので、平成○○年○月△日までにご連絡ください。離婚に向けての詳細につきましては、ご連絡をいただいた後に話し合いにて取り決めたいと考えております。上記期日までにご連絡をいただけなかった場合には、代理人を通して再度ご連絡させていただくつもりであることを、ご承知おきください。

敬具

**Advice**　別居中の配偶者と離婚したい場合には、まずは相手の不誠実さを挙げてこのまま婚姻生活を続けることが困難であることを相手に伝える。感情的に書くよりは冷静に、一歩距離を置いた書き方をしたほうが、申し出が一時的な感情によるものではないことを伝えることができる。なお、離婚の原因を作った相手に対しては慰謝料を請求することもできるが、その場合には弁護士などの専門家に相談したほうがよい。

## 文例8　離婚に応じる条件として財産の分与を請求する

平成○○年○月○日
○○○○様
　　　　　　　　　　　　　　　　　　　　　　　　○○○○

　先日、平成○○年○月○日付の離婚申入れの内容証明郵便を受け取りましたので、回答します。
　私は、双方の気持ちが離れたとは考えておらず、確かに次男も就職したものの、まだまだ親としてなすべき子育ても終わっていないと考えています。
　さらに長女の結婚にも影響があると考えるので、離婚の意思はまったくありません。しかし、離婚調停まで検討しているという貴方の意思を汲むと、離婚に応じざるを得ないという考えに至りました。
　つきましては、共稼ぎの私たちの関係も考慮し、財産分与分○○万円を私に支払うことを条件に離婚に応じる所存であることを申し伝えて回答とします。

**Advice**
　離婚の申し出を受けるにあたって条件をつける場合には、具体的な条件提示をする。離婚に際しては、財産分与と慰謝料（離婚によって被った精神的損害に対する賠償）の支払いを求めるのが一般的であるが、この場合、財産分与と慰謝料の金額を分けて記載するとよい。

第2章　婚約破棄・離婚・男女問題

## 文例9　離婚を認める代わりに慰謝料を請求する

平成○○年○月○日

○○○○様

○○○○

### 請求書

　先日貴方から依頼された離婚の件ですが、貴方との関係修復が困難な状況にある以上、協議離婚に向けた話し合いには応じるつもりです。

　ただ、貴方は浮気相手である△△△△と3年に渡って度々、密会をくり返しており、離婚の原因が貴方にあることは明白です。すでに興信所に依頼し、貴方と△△△△が肉体関係にあった証拠もそろえてあります。

　したがって、貴方の不貞行為により被った精神的苦痛として、慰謝料○○万円を請求させていただきます。

**Advice**

　夫婦関係が終えんを迎えるにあたって片方の当事者に一方的に責任があるという場合が存在する。夫の浮気が典型的な例だが、離婚に応じるとしても、慰謝料や財産分与（婚姻中に取得した財産をお互いに割り振ること）は請求することができる。
　相手に責任がある場合には証拠を残しておく必要があるので、興信所に調査を依頼することも検討すべきである。

## 文例10　結婚の通知書

　　　　　　　　　　　　　　　　　　　　平成〇〇年〇月〇日
〇〇〇〇様
　　　　　　　　　　　　　　　　　　　　　　　　　　〇〇〇〇
　　　　　　　　　　　　　　　　　　　　　　　　　　〇〇〇〇

　〇〇様には、ますますご清栄のこととお慶び申し上げます。
　さて、平成〇〇年〇月〇日、私は、以前より交際をしていた△△△△さんと、入籍いたしました。
　結婚の儀は、××××ご夫妻のご媒酌により執り行いました。ここに謹んでご通知申し上げます。
　未熟な二人ではありますが、互いに助け合い暮らしていく所存ですので、今後とも変わらぬご支援をよろしくお願い申し上げます。
　なお、落ち着きましたら、ご挨拶に伺いたいと思っておりますので、その際にはよろしくお願いいたします。

**Advice**　入籍をした日、結婚式を行った日を記載する。また、媒酌人についても記載しておくとよい。その上で、**結婚後も支援をしてくれるようにお願いをする**。

第2章　婚約破棄・離婚・男女問題

## 文例11　離婚の通知書

平成〇〇年〇月〇日

〇〇〇〇様

〇〇〇〇
〇〇〇〇

　このたび、私たち夫婦は離婚することとなりましたのでお知らせいたします。
　このようなお知らせをすることになり大変申し訳ありません。かなりの時間をかけて話し合った結果、離婚したほうが互いのためであるとの結論に達しました。
　貴殿には結婚式にも出席していただき、夫婦ともども数多くのご好意を受けてきました。その貴殿に、離婚のお知らせをするのは心苦しい限りです。
　離婚することにはなりましたが、貴殿には、今後も以前と変わらぬお付き合いをお願いしたいと思っております。
　どうかよろしくお願いいたします。

**Advice**　離婚をした日や離婚の経緯など離婚理由は詳しく記載する必要はない。基本的には、離婚をしたことと、今後も変わらない付き合いを望む旨を記載すればよい。

## 文例12 　見合い相手に交際を求める依頼書

平成○○年○月○日

○○○○様

○○○○

　先日は、私のためにお見合いの機会を与えていただき、ありがとうございました。とても楽しい時間を過ごさせていただきました。
　△△△△様とお見合いをした日から、△△△△様のことをいつも考えております。
　お見合いの席での、△△△△様のユーモアと機転の良さに私はただただ感心するばかりでした。
　できることなら、△△△△様と結婚を前提としたお付き合いをさせていただきたいと思っておりますので、その旨を△△△△様にお伝えいただけないでしょうか。
　お忙しい中恐縮ですが、どうかよろしくお願いいたします。

**Advice**　お見合い相手に対する交際の申込みは、お見合い相手ではなく、お見合いをセッティングした者に対して行う。そのため、セッティングをしてくれた人に対して配慮した文面にするとよい。

第2章　婚約破棄・離婚・男女問題

## 文例13 友人の元妻と結婚することを友人に伝える

平成○○年○月○日

○○○○様

○○○○

　こんな風に手紙を書くとは思っていなかったので、少々気恥ずかしい部分もあるのですが、来月、△△△△と結婚することになりました。
　中学以来の友人である貴方の元妻と結婚することが、貴方に対する裏切りにならないかと正直悩みましたが、自分の気持ちに正直に生きていこうと決心しました。
　すでに1年半に渡って交際していたのですが、なかなか貴方に言い出せず、今頃報告することになったことを申し訳なく思います。
　貴方と夫婦関係にあった間に△△△△と親密な関係になったことは神に誓って一度もなく、貴方とは生涯に渡って友人でいたいと思っています。
　もし、祝福してもらえるのであれば、直接会って報告したいと思っているので、連絡をください。

**Advice**　人生においては時として友情と恋愛が両立し得ないこともあるが、友人の元妻と結婚することは友情を失わせることにはならないだろう。電話やメールで伝えてしまうのも構わないが、友情関係を維持したい場合には、気持ちを込めて手書きの文章で書くとよいだろう。

## 文例14　縁談の依頼をする

　　　　　　　　　　　　　　　　　　　平成○○年○月○日
○○○○様
　　　　　　　　　　　　　　　　　　　　　　○○○○

拝啓
　陽春の候、○○様にはますますご隆盛の由お慶び申し上げます。
　さて、このたびは、○○様に、私の次男△△の縁談を取り持っていただきたいと思い、筆をとりました。
　交友関係の広い○○様であれば、次男△△にふさわしい結婚相手を紹介していただけるのではないかと思っております。大変勝手なお願いではございますが、何卒よろしくお願いいたします。下記に次男△△の経歴を記載しましたので、ご参考にしていただければと思います。
　　　　　　　　　　　　　　　　　　　　　　　　敬具
　　　　　　　　　　　記
　△△△△
　昭和○○年○月○日

　本籍　　○○県○○市○○町○丁目○番
　現住所　○○県○○市○○町○丁目○番

　学歴　平成○年○月　　○○中学卒業
　　　　平成○年○月　　○○高校卒業
　　　　平成○年○月　　○○大学工学部機械学科卒業

　職歴　平成○○年○月　　○○工業株式会社入社

**Advice**　経歴書には、氏名、生年月日、学歴、職歴を記載する。場合によっては、資格や趣味、身長を記載することもある。

第2章　婚約破棄・離婚・男女問題

## 文例15　縁談を断る

平成○○年○月○日

○○○○様

　　　　　　　　　　　　　　　　○○○○

拝啓
　例年以上に寒さがこたえる近頃ですが、皆様ますますお元気のこととお慶び申し上げます。
　先日は、お見合いの話をご紹介いただき誠にありがとうございました。私などのためにわざわざこのようなお話をご用意いただき、心から御礼申し上げます。
　しかしながら、誠に申し訳ないのですが、今回のお話はご遠慮させていただきたく思っております。
　実は、先日正式に辞令が下り、入社当時からの目標であった海外事業部へ異動することになりました。不安もありますが、今は仕事に打ち込んでみたいという気持ちが強く、結婚を前提とした縁談をお受けできる心境にはなれないというのが正直な気持ちです。
　決してご紹介いただいた相手の方に不満があるわけではございません。身勝手な理由であることは重々承知しておりますが、お許しください。
　せっかくのお話ですが、ご縁がなかったものとして、△△様にはよろしくお伝えください。
　　　　　　　　　　　　　　　　　　　　　　　　　敬具

**Advice**　いわゆる断り状を書く場合にはあいまいなことは言わずにはっきりと断ることが大切である。ただし、相手や関係者への配慮を忘れずに、言葉を選ぶ必要がある。また、不必要に返事を遅らせることはないようにしたい。

## 文例16　プロポーズを断る

平成○○年○月○日

○○○○様

○○○○

　お返事が遅くなってしまいましたが、お元気でお過ごしでしょうか。

　「ちょっと待って欲しい」などとあいまいな態度をとってしまい、本当にごめんなさい。

　この2週間、真剣に考えたのですが、今すぐ○○君からのプロポーズをお受けすることはできません。

　○○君と一緒にいるのはすごく楽しいですが、お互い24歳だし、まだ付き合って半年しか経ってなくて、心のどこかに「本当にこのまま結婚してしまっていいのかな」という気持ちがあります。

　こんな中途半端な気持ちで結婚したら、絶対後悔すると思うので、プロポーズをお受けすることはできません。

　プロポーズしてくれたことを思い出すと今も胸が詰まって涙が出そうになります。○○君とはこれからもずっといい友達として付き合っていきたいと思っています。

　今後ともよろしくお願いします。

**Advice**　プロポーズに対して、即答で「OK」と言えない場合には、いったん返事を保留して後日手紙で返事を書くという手段がある。今後の一切の関係を拒否したい場合と、友人関係については維持したいという場合とでは文面の内容は異なってくるが、いずれにせよ相手への配慮を忘れないことが大切である。

第2章　婚約破棄・離婚・男女問題

## 文例17　相手の両親に相手との結婚を認めてもらう

平成〇〇年〇月〇日

〇〇〇〇様
〇〇〇〇様

〇〇〇〇

拝啓

　ますます御健勝のこととお慶び申し上げます。

　すでにお聞きになっているかと思いますが、私とお嬢さんとの結婚を認めていただきたく、このような手紙を送付いたしました。

　私が、お嬢さんとお付き合いをさせていただいてから3年が経ちました。この3年間、私たちは互いを知り、信頼を深め合ってきました。その中で、お嬢さんこそ私が人生を共にしていく方だと確信いたしました。お嬢さんはとてもすばらしい女性です。また、このようなすばらしい女性に育ててくれたご両親にも感謝の気持ちでいっぱいです。

　必ずお嬢さんを幸せにいたします。どうか結婚を認めてくれるようお願いいたします。

　近くおうかがいしてご挨拶申し上げますが、まずはお手紙にてお願い申し上げます。

敬具

**Advice**　相手の両親に結婚を認めてもらう場合、じかにお願いするべきだが、その前に手紙で伝えておくと、相手の両親に好印象を与えることができる。書面には、相手を幸せにすることと、相手の両親への感謝の気持ちを表現するとよい。

## 文例18　内縁関係の解消を求める

平成○○年○月○日

○○○○様

○○○○

前略

　私と貴方は、婚姻届は出していないものの、平成○○年○月○日に挙式し、12年間一緒に生活してまいりました。その間、私は主婦として家事一切を預かり、貴方は一家の大黒柱として会社勤めをしていました。しかし、5年前の平成○△年×○月以降、貴方は行き先も告げずに外泊することが増え、生活費も家に入れなくなりました。このままでは生活をしていくことも困難ですし、貴方との信頼関係が破綻してしまうことも目に見えています。

　したがって、貴方との内縁関係を解消すると共に慰謝料として○○万円を請求いたします。

草々

**Advice**
　内縁関係とは、事実上夫婦として共同生活をしていてかつ婚姻届を出していない男女の状態をいう。したがって、単に同棲しているだけの場合には、必ずしも内縁関係にあるとはいえない。上記のケースのように、挙式していても実際に籍を入れていない男女はまさしく内縁関係にあるといえる。夫婦が有する相互扶助義務（互いに助けあうこと）や財産分与権（別れた際に財産を分けること）については内縁関係にも認められる。ただし、内縁関係にある一方が死亡した場合、残された者には相続権がない。この点が配偶者と内縁関係にある者の大きな相違点といえる。

第2章　婚約破棄・離婚・男女問題

## 文例19 愛人関係を終わらせる

平成○○年○月○日

○○○○様

○○○○

　平成○○年○月○日頃より、貴方とお付き合いしておりますが、このような関係にはもう疲れてしまいました。

　貴方には妻子があり、貴方は何よりも家族を愛しています。このままお付き合いを続けても空しいだけです。

　また、勝手な言い分ですが、貴方との付き合い当初から、奥様には大変申し訳なく思っていました。

　この辺が潮時だと思います。そのため、この通知をもって貴方との関係を終わりにしたいと思います。今後は私のことなどは忘れて家族を大切にしてください。

**Advice** 男女関係を清算する場合、話がこじれる可能性が高いので、手紙で通知するとよい。別れる理由を記載しないと、相手は納得しないことが多いので、書面には、必ず別れる理由を記載する。

## 文例20　配偶者の暴力をやめさせる

平成○○年○月○日
○○○○様
　　　　　　　　　　　　　　　　　　　　　　　　　○○○○

前略
　私は、貴方と結婚した時から今までの４年間にわたって、貴方から度々暴力を振るわれてきました。貴方は、私ができの悪い妻で、それを大目に見ている貴方は寛大な夫である、と日々私に言い続けてきました。貴方から毎日悪いのは私のせいだと言われ続けた結果、私は貴方が私に暴力を振るうのも私が悪いからだと信じ込むようになってしまいました。
　しかし、貴方が平成○○年○月○日に私にふるった暴力が原因で全治２週間のケガをした今、私は今後も貴方から振るわれるであろう暴力に耐えることはできないと判断しました。そして、ケガの治療で通った病院で、貴方が行ってきた行為がＤＶであることを教えられました。
　つきましては、今後、私に対して一切暴力を振るわないことをお約束いただけないでしょうか。万が一私の希望にそっていただけない場合には、専門家に相談の上、しかるべき対応をさせていただくつもりでおりますことをご承知おきください。
　　　　　　　　　　　　　　　　　　　　　　　　　　　草々

**Advice**　親しい者から暴力を振るわれた場合、逃げ場がなく、また人に相談しにくいという事情があるため、暴力をやめさせることは難しい。上記のように手紙を出して相手に暴力をやめるように求める際には、念のため、警察や弁護士などの専門家にも相談しておいたほうがよいだろう。

## 文例21 財産分与の支払いを請求する

平成○○年○月○日

○○○○様

○○○○

### 請求書

　平成○○年○月○日、私と貴方は協議離婚をしました。私はもともと離婚の意思はなかったのですが、貴方の強い意思により、財産分与及び慰謝料の支払いを条件として離婚に応じました。

　にもかかわらず、本日現在、いまだ財産分与分○○○万円、慰謝料分○○万円、合計○○○万円が支払われておりませんので、本書面到着から○週間以内に全額支払うように請求いたします。

**Advice**
　離婚によって、気持ちも住居も離れれば、財産分与（夫婦が蓄えた財産を分けること）などの支払いも滞りがちになる。相手が支払いを怠った場合には、すぐに請求するべきである。
　なお、分与される財産が多額である場合、裁判も視野にいれて、内容証明郵便（27ページ）などを利用し、請求をしたことの証拠を残しておくとよい。

## 文例22　子どもとの面会を求める

第2章　婚約破棄・離婚・男女問題

　　　　　　　　　　　　　　　　　　　　　　　平成○○年○月○日
○○○○様
　　　　　　　　　　　　　　　　　　　　　　　　　　　○○○○

拝啓
　向暑のみぎり、いかがお過ごしでしょうか。△△は元気にしているでしょうか。
　さて、今回私がこの手紙を書いたのは他でもない、△△との面会について、伝えたいことがあるからです。貴方と私が平成○○年○月○日に離婚した際に、△△の親権については貴方が得る代わりに、私は１か月に一度、△△と会うことができるという約束をいたしました。しかし、最初の３か月は△△と会えたものの、その後現在に至るまでの１年間、貴方は私と△△が会うことを拒否してきました。△△の親権を貴方に渡したのは、私が△△と１か月に一度面会できる権利を得たからです。当初の約束どおり、私と△△が会えるようにしてください。
　なお、もしこのまま貴方が約束を破り、私と△△を会わせないつもりでいるのでしたら、私のほうでも法的措置を講ずる用意があることを申し添えておきます。
　　　　　　　　　　　　　　　　　　　　　　　　　　　　敬具

**Advice**
　離婚の際に親権を得なかった者には、原則として子と会う権利がある。相手方が取り決めどおりに子に会わせない場合には、家庭裁判所にて面接交渉調停の申立てをすることができるが、その前に、本ケースのように一度書面で請求しておき、法的措置も辞さない旨を伝えておくとより効果的である。

## 文例23　子の引渡請求をする

　　　　　　　　　　　　　　　　　　　平成○○年○月○日
○○○○様
　　　　　　　　　　　　　　　　　　　　　　　○○○○

　平成○○年○月○日、私と貴方は協議離婚をし、その際に、長男○○の親権者を私とし、私のもとで養育することにお互いに合意しました。
　しかし、平成○○年○月○日、貴方は長男○○が塾に行く際に塾の前で待ち伏せして誘い出し、そのまま貴方の家に連れていってしまいました。その後、再三長男○○を返すように求めましたが、これに応じてくれていません。
　確かに貴方には面接交渉権は認めていますが、このような貴方の行為は適切とはいえません。したがいまして、本書面にて長男○○を返すことを求めると共に、応じていただけない場合は、法的手段を講ずる用意がありますことを申し添えておきます。

**Advice**　子の引渡請求をする場合、自分が親権をもち、養育する権利があることを記載する。また、実の親といっても強引に連れ去ることが問題であることにも触れ、状況に応じて、文例末尾のように法的手段（裁判所を介した引渡し請求）を講ずることも付言しておく。なお、面接交渉権とは、親権者以外の親が子どもと面会する権利のことである。

## 文例24　養育費の支払請求をする

平成〇〇年〇月〇日
〇〇〇〇様
　　　　　　　　　　　　　　　　　　　　　〇〇〇〇

　　　　　　　　　請求書

　平成〇〇年〇月〇日に成立した私と貴殿の協議離婚において、私は長男〇〇を親権者として引き取り、貴殿はその養育費として月〇万円を支払うこととなりました。しかし、平成〇〇年〇月分から支払いが滞り、本日現在まで〇か月分の〇〇万円が支払われていない状態となっています。
　つきましては、本書面到着から〇週間以内に全額お支払いください。もし、お支払いいただけない場合は、法的手段もやむを得ないと考えておりますので、その旨申し添えておきます。

**Advice**　養育費の請求をする場合に養育費の根拠が問題となるので、離婚の際には養育費の負担義務について契約書などを作成するとよい。その上で、請求をする際には、契約にもとづいて請求していることを伝える。なお、支払わない場合には、訴訟などの法的手段をとる旨を記載しておくと、相手が支払う可能性が高くなる。

第2章　婚約破棄・離婚・男女問題

## 文例25 離婚した相手に子の養育費の増額を請求する

平成〇〇年〇月〇日

〇〇〇〇様

〇〇〇〇

　平成〇〇年〇月〇日の協議離婚にともない、貴方との間の長男〇〇は私が親権者として引き取り、貴方は養育費として月〇万円を支払うこととなっておりました。本日に至るまで、貴方はこの約束を守ってくださっていることにまずは敬意を表し、御礼申し上げます。

　離婚の後、貴方の事業もうまくいって軌道にのったと聞いております。他方〇〇は先日、学校の体育の授業中に後遺症を残すほどのケガを負い、補償はあったものの、現実には介護などで生活費の負担が大幅に増加し、今では養育費に不足を生じるようになってしまいました。

　つきましては、養育費を月〇万円に増額していただけるよう、お願い申し上げます。

**Advice**　養育費の増額は、相手に経済的な負担を求めるものなので、丁重にお願いをする。また、養育費を支払う側の経済的能力が必要なので、この点にも触れて請求する。もし、相手が、それまで養育費を支払っていれば、そのことに対する感謝の念を伝えておくとよい。

## 文例26 離婚した相手に子の養育費の減額を請求する

平成○○年○月○日

○○○○様

○○○○

　平成○○年○月○日に、私は貴方と協議離婚をいたしました。その際に息子の△△の親権はあなたに譲り、私は養育費として月に○万円を支払う約束をいたしました。

　貴方も知ってのとおり、この3年間、私は欠かすことなく養育費を支払い続けました。ただ、近年、会社の経営がうまくいかず、私自身、暮らしていくのがやっとの状態が続いています。

　そのため、申し訳ありませんが、来月から養育費を月○万円にしていただきたいのです。

　なお、会社の経営が立ち直った際には、減額した分をまとめて支払いたいと思っております。

　詳しいことは会ってお話ししたいと思いますので、連絡をいただけないでしょうか。どうかよろしくお願いいたします。

**Advice** 養育費を減額する際には、減額しなければならない理由を相手に伝える。減額する理由がなくなったら、減額した分をまとめて支払う約束をしておくと、相手を説得しやすくなる。

第2章 婚約破棄・離婚・男女問題

## 文例27 親戚に財産管理を委任するのをやめる

　　　　　　　　　　　　　　　　　　　　平成○○年○月○日
○○○○様
　　　　　　　　　　　　　　　　　　　　　　　　○○○○

　平成○○年○月○日、貴方に私のアパートについて、家賃集金その他管理の一切を委任しましたが、都合により委任を取り止めますので通知いたします。
　したがって、今後は、前記アパートの管理について、一切関与されないようにお願い申し上げます。

**Advice**
　委任（相手に法律行為などを依頼すること）は、いつでも解除できる。解除の時期が相手方に不利な場合には損害を賠償しなければならないが、やむを得ない場合にはその必要はない。
　特に解除の理由を記載する必要はないが、相手方が解除に不満を抱くような場合には、理由も記載して説明・説得するとよい。また、どの委任契約のことを書いているのかを特定し、それを解除するということを明確に記載することが何より大切である。

# 第3章

# 相続・遺言

# 本章のポイント

## ● 相続とは

　相続とは、簡単に言えば「親の財産を受け継ぐこと」「死亡した人の遺産（財産）を相続人がもらうこと」です。民法には、「相続人は、相続開始のときから、被相続人の財産に属した一切の権利義務を承継する」と定められています。被相続人とは、亡くなった人のことで、相続人とは、財産を受ける人のことです。財産には、被相続人が遺した借金なども含まれます。

## ● 相続順位はどうなっているのか

　相続人の範囲は決まっています。つまり、その範囲内の人だけが相続人となり、それ以外の者は絶対に相続人になれません。相続の範囲内にある者を推定相続人といいます。ただし、法定相続分のとおりに相続させるのは納得がいかないと被相続人が考え、その旨を遺言（71ページ）した場合は、遺言書により指定された人が相続します。

　相続順位の第１位は子です。子が１人でもいる場合は、その人だけが相続人となり、親や兄弟姉妹は相続人にはなりません。

　第２順位は父母です。第１順位の子がいない場合には、父母が相続人となります。これは、直系尊属の中でも、親等が異なる者の間では、被相続人に親等の近い者が相続するからです。したがって、親が１人でも生きていれば、祖父母は相続人にはなりません。

　第３順位は兄弟姉妹です。第１順位、第２順位の相続人がいない場合は、兄弟姉妹が相続人になります。兄弟姉妹の間には、優先順位はありません。

## ● 相続権がある配偶者とは

民法は、「被相続人の配偶者は、常に相続人となる」と定めています。相続権がある配偶者とは、婚姻届が出されている正式な配偶者のことです。いわゆる内縁の配偶者に相続を受ける資格はありません。たとえ長年一緒に生活し、夫婦同然だとしてもです。

## ● 相続分とは

相続人が2人以上いる場合、相続人の受ける相続財産の割合を相続分といいます。相続分については、遺言で定められる場合（指定相続分）もありますが、遺言がなければ法律で定められた割合（法定相続分）に従います。被相続人は、遺言でこの法定相続分を変えることができます。

### ① 指定相続分

被相続人が、相続人ごとに相続分を自由に決めて、遺言書で指定した相続の割合のことです。具体的な割合を示さずに、特定の人を指名して、その人に相続分の決定を一任することもできます。ただし、遺言による指定であっても、相続人の遺留分（いりゅうぶん）（法律上決められている最

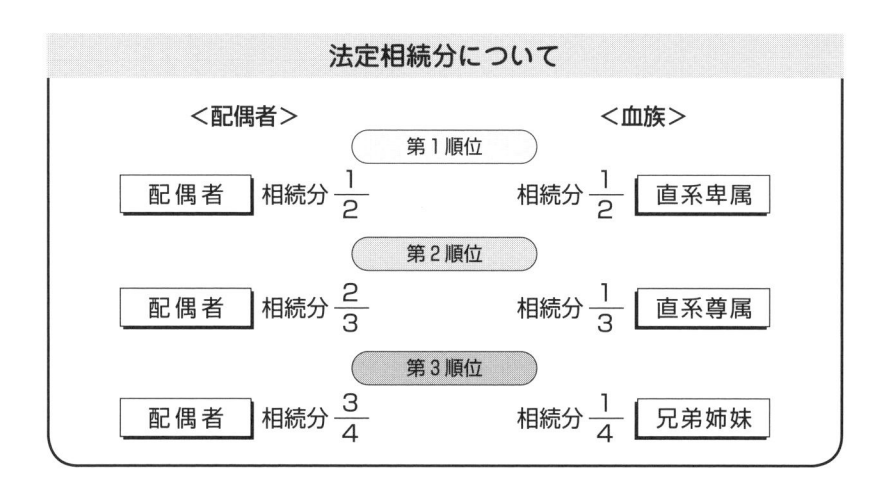

### 法定相続分について

&lt;配偶者&gt; &lt;血族&gt;

第1順位
配偶者　相続分 $\frac{1}{2}$　　相続分 $\frac{1}{2}$　直系卑属

第2順位
配偶者　相続分 $\frac{2}{3}$　　相続分 $\frac{1}{3}$　直系尊属

第3順位
配偶者　相続分 $\frac{3}{4}$　　相続分 $\frac{1}{4}$　兄弟姉妹

低限の相続できる割合）を侵害することはできません。

② 法定相続分

民法に定められている相続人の取り分の割合のことです。実際にだれが相続人になるかによって法定相続分が変化します。組合せにより、法定相続分もいろいろと定められています。

## ● 指定相続と遺留分について

遺言による相続分の指定は原則として遺言者（被相続人）の自由ですが、すべての遺産を勝手に他人に譲渡されてしまえば、残された遺族の権利が守られません。そこで、兄弟姉妹以外の法定相続人には遺言の内容に影響されない遺留分といわれるものがあります。

遺留分は、直系尊属だけが法定相続人である場合は、相続財産の3分の1、それ以外の場合は、相続財産の2分の1です。兄弟姉妹には遺留分はありません。

相続人は、遺留分が侵害されたとわかったときは、遺贈（遺言書で財産を与えること）や贈与を受けた相手方に財産の取り戻しを請求できます。相続人が、侵害された遺留分を返すように請求することを、遺留分減殺請求といいます。ただし、相続人が遺言通りでよいと考えるのであれば、請求しなくてもかまいません。遺留分減殺請求は、遺贈された人などに対して、意思表示（ハガキを送るなど）をすれば権利を行使したことになります（74ページの文例1参照）。

## ● 遺留分の放棄について

相続人は、被相続人の生前に遺留分を放棄することもできます。その場合、家庭裁判所の許可が必要になります。

たとえば、ある人が生前に、配偶者におもな財産を残したいと思った場合には、相続人になる見込みの人たちと話し合って遺留分を放棄してもらう方法があります。つまり、遺留分の放棄は、被相続人が遺

言で相続人の遺留分を侵害することを明らかにした場合に、その遺言の効力を有効にするためのものなのです。

遺留分を放棄したい場合には、家庭裁判所に「遺留分放棄許可審判申立書」を提出して、許可を得なければなりません。

なお、相続開始後には、許可を得なくても遺留分を自由に放棄することができます。

### ● 相続回復請求権とは

たとえば、「相続分がないことの証明書」を偽造された場合や、相続人であることを無視された場合には、侵害された相続を受ける権利の回復させる必要があります。この権利を相続回復請求権といいます。

相続回復請求権は、侵害者に対して相続権を主張して、相続分にあたる財産の全部の引渡しを要求する権利です。つまり、個々の財産についての請求権だけでなく、相続人としての地位そのものの回復を要求する権利です。

### ● 遺産の分割とは何か

被相続人の財産が相続人に承継される時期は、相続開始のときとされています。この時期は、相続財産全体を相続人が相続分という割合で互いに持ち合っている状態です。

そこで、相続後に個々の財産を、それぞれの相続人の所有物として

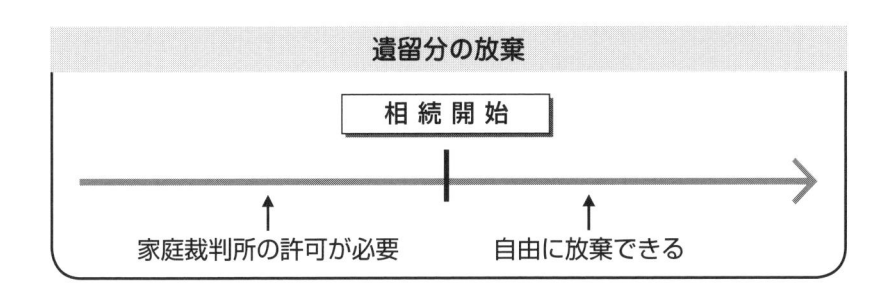

**遺留分の放棄**

| 相続開始 |
|---|
| 家庭裁判所の許可が必要 | 自由に放棄できる |

確定する手続きが必要になってきます。これが遺産分割です。

　まず、遺産分割のおおまかな流れについて見ておきましょう。遺産が全部現金や銀行預金である場合は、割合どおりに現金または預金名義を変更して分けます。借金も含めて、株式など分割可能なもの（可分物）はみな遺産分割手続きをすることなく分割できます。

　しかし、遺産が現金や可分物だけである場合はあまりありません。ほとんどの場合、遺産には不動産、動産などそのままでは分けられないものが含まれています。

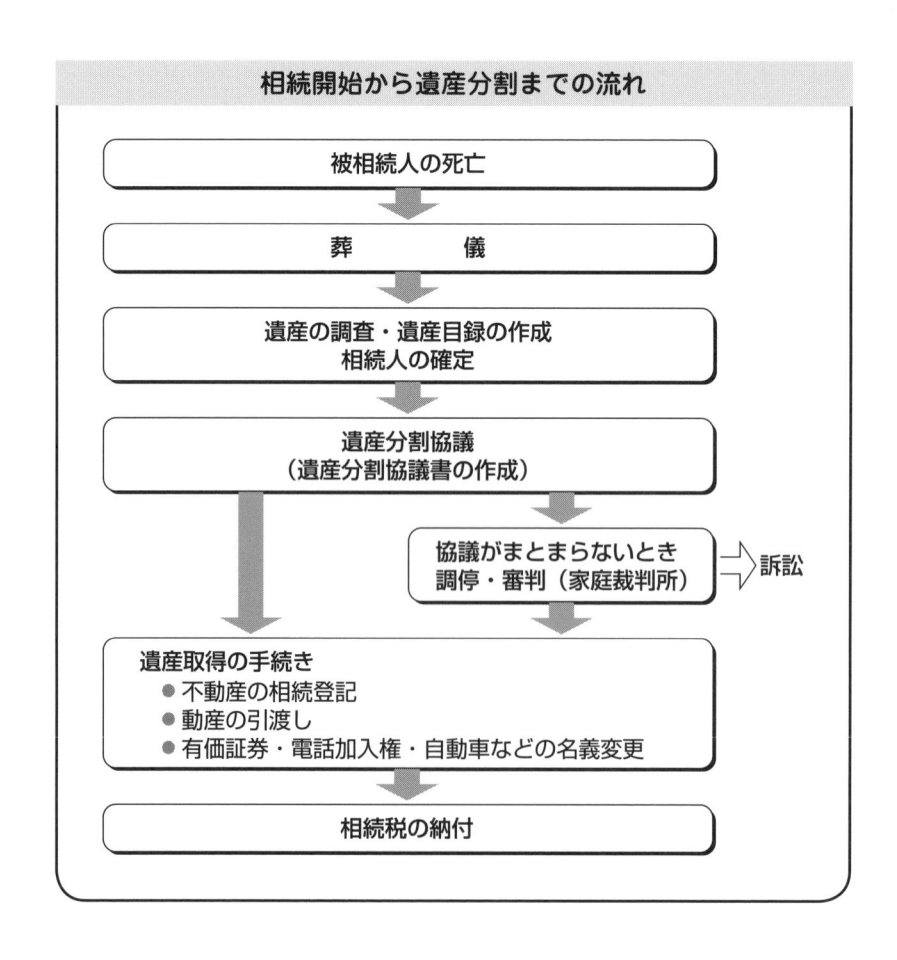

### 相続開始から遺産分割までの流れ

- 被相続人の死亡
- 葬儀
- 遺産の調査・遺産目録の作成
  相続人の確定
- 遺産分割協議
  （遺産分割協議書の作成）
- 協議がまとまらないとき
  調停・審判（家庭裁判所）　⇒　訴訟
- 遺産取得の手続き
  - 不動産の相続登記
  - 動産の引渡し
  - 有価証券・電話加入権・自動車などの名義変更
- 相続税の納付

相続人が1人しかいない場合を除けば、どのような相続財産が残されていて、それをどのように分割し、だれがどれだけ相続するのかを相続人が全員参加する遺産分割協議で話し合う必要があるのです。

公平に遺産分割をするため、一部の相続人が参加していない分割協議は無効とされ、再度協議をし直さなければならなくなりますので注意が必要です。

なお、相続争いなどで、遺産分割の協議がまとまらない場合には、家庭裁判所の調停や審判によることになります。

## ● 遺言とは何か

遺言とは、人が自分の死後のために残す最終の意思表示です。

相続といえば、民法が定める法定相続分（遺言がない場合に民法に定められている相続人の取り分の割合）の規定が原則と考えている人が多いようです。しかし、それは誤解です。遺言による指定がないときに限って、法定相続の規定が適用されるのです。

相続分の指定だけでなく、遺言で遺産の分割方法を指定したり、相続人としての資格を失わせる（廃除）こともできます。この他、遺言によって子を認知（婚姻関係にない男女から生まれた子を自分の子として認めること）することもできます。

こうした内容が書かれた遺言には、法律上の効果が認められます。

一方、「兄弟仲良く暮らすように」といった遺言を書いたとしても、そのような文言に法律上の効果は生じません。

ただ、法律上の効果は生じなくても、相続人が被相続人の意思を汲んでくれることもあります。したがって、法律上の効果が生じないことでも、遺言書に記載しておくとよいでしょう。

## ● 遺言書の書き方

遺言には、普通方式と特別方式（遭難など緊急時にする遺言）があ

りますが、一般的には「普通方式」によることになります。普通方式の遺言は、自分でいつでも自由に作成できます。普通方式には、自筆証書遺言、公正証書遺言、秘密証書遺言の3種類があります。

自筆証書遺言とは、文字通り遺言者が書く遺言です。公正証書遺言と秘密証書遺言は、公証人が作成に関与した遺言書のことです。公正証書遺言は、遺言書の全文を公証人が書きます。秘密証書遺言は、封書した遺言書を公証人に提出する形式の遺言書です。なお、公証人とは、法律の専門知識をもった資格のある公務員のことです。元裁判官や検察官などから法務大臣が任命します。公証人が作成した文書は、一般人が作成した契約書よりも高い証明力が認められます。

これら3種類の遺言書のベースになるのは、自筆証書遺言です。本書で文例として取り上げているのも、この自筆証書遺言です。そのため、ここでは自筆証書遺言について見ていきます。

自筆証書遺言として認められるには、①全文を自筆する、②作成日付を正確に記す、③遺言者本人が署名押印する、という3つの要件が必要です。

タイトルに、「遺言書」と書く必要はないのですが、誤解されないように「遺言」という単語は使うようにしましょう。

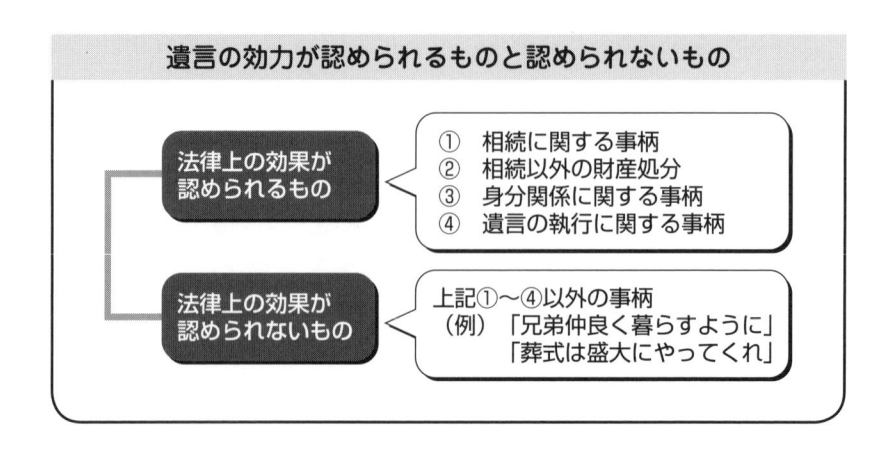

### 遺言の効力が認められるものと認められないもの

| 法律上の効果が認められるもの | ① 相続に関する事柄<br>② 相続以外の財産処分<br>③ 身分関係に関する事柄<br>④ 遺言の執行に関する事柄 |
|---|---|
| 法律上の効果が認められないもの | 上記①～④以外の事柄<br>（例）「兄弟仲良く暮らすように」<br>「葬式は盛大にやってくれ」 |

### ● 用紙と使用する文字

　遺言には一定の形式が要求されますが、記載する用紙は自由です。原稿用紙でも、便せんでもメモ用紙でもかまいません。もちろん筆記用具も自由です。原則として、自筆証書遺言では遺言者本人の自筆によりますから、ワープロなどで作成した遺言は認められません。手書きで署名し、押印しても無効です。自筆した遺言書を写した写真やコピーも自筆証書遺言とは認められません。

　使用する文字は、法律上規定がないため、漢字、ひらがな、カタカナ、ローマ字すべて有効です。また、方言や家族内での通用語を用いても無効にはなりませんし、速記記号、略符、略号でもよいとされます。しかし、遺言は、一般人が普通に理解できるように心がけて書くべきでしょう。

### ● 署名をする

　署名は自筆で氏名を書きますが、通称でもかまいません。自筆証書で遺言を作成するには、前述したように、遺言者本人が日付と氏名を自署し、押印しなければなりません。氏名とは戸籍上の姓名のことですが、本人だと判断できれば名前だけの記載でもかまいません。署名が雅号、芸名、屋号、ペンネームなどであっても、遺言者との同一性が示せるのであれば有効です。

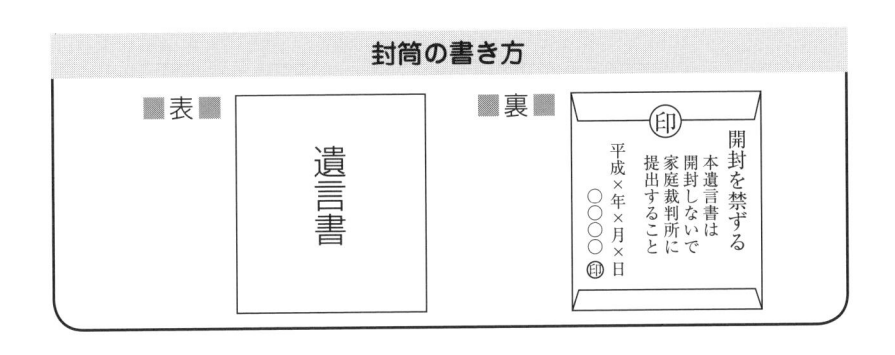

---

**封筒の書き方**

■表■　遺言書

■裏■　開封を禁ずる　本遺言書は開封しないで家庭裁判所に提出すること　印　平成×年×月×日　○○○○㊞

## 文例1　遺留分減殺請求をする

　　　　　　　　　　　　　　　　　　平成○○年○月○日
○○○○様
　　　　　　　　　　　　　　　　　　　　　　○○○○

　　　　　　　　　　　遺留分減殺請求

　私は、今は亡き父がすべての財産を長男である貴殿に相続させる旨の遺言書を作成していたことを初めて知りました。
　しかし、父の遺言書は私の遺留分を侵害するものであり、私は遺留分権利者として貴殿に対し、本書面を以って遺留分減殺の請求をいたします。

**Advice**

　遺留分とは、相続人が最低限相続することができる財産の割合のことである。配偶者や子供であれば、相続財産の2分の1が遺留分になる。
　そのため、被相続人（相続される人）が相続人の遺留分を無視して、他の相続人や他人に遺贈（遺言で財産を贈与すること）などをした場合には、遺留分を侵害された相続人は、遺贈を受けた者から遺留分に不足する部分を取り戻すことができる。このことを遺留分減殺請求という。
　遺留分減殺請求をする際には、自分が遺留分を有していることと、相手が遺留分を侵害していることを伝えるとよい。なお、この際、通常の手紙ではなく、請求をしたことの証拠が残る内容証明郵便（27ページ）を利用するとよい。

## 文例2　遺留分減殺請求に対して回答する

平成○○年○月○日

○○○○様

○○○○

### 回答書

　平成○○年○月○日付、貴殿から送付された遺留分減殺請求書に対して、次のとおり回答いたします。

　貴殿も、父が、その家業をついだ私に対してその家業の事務所兼自宅を私に相続させたことは、理解されていると存じます。これに対して、貴殿の主張のとおり、右不動産を共有とすると、事業にも影響が大きく、権利関係を混乱させることにつながりやすいので、価額弁償にて対応したいと思います。

　つきましては、この不動産の時価評価を租税公課及び近隣相場を考慮して金○○○○万円とし、その遺留分である○分の○を貴殿に支払う旨、回答いたします。

**Advice**
　遺留分を侵害された相続人が、遺留分を請求した者に対して、遺留分を返還する際には、現物返還（文例でいえば、事業所兼自宅建物の持分を返還）が原則だが、価額弁償（現金で支払うこと）することで現物返還を免れることができる。価額弁償する際には、その旨を表示しただけでは足りず、現実に価額返還をすることが必要になる。また、価額評価の根拠を示すと、相手方の説得につながる。なお、租税公課とは税金のことをいう。

## 文例3 遺留分を減殺しないように一人息子に依頼する

平成〇〇年〇月〇日

〇〇〇〇様

〇〇〇〇

拝啓

　時下ますますご清祥の段、お慶び申し上げます。

　貴方も知っているように、私は〇〇養老院に入院しています。

　これはまだ先のこととは思いますが、私が死亡した場合は、私の遺産はすべて〇〇養老院に寄付したいと思っています。私の遺産といってもわずかなものですが、お世話になった〇〇養老院に寄付することで恩返しをしたいのです。そのための遺言書も現在作成しています。

　私には、一人息子の貴方しか相続人はいないので、普通なら、私の財産はすべて貴方にいくことになります。また、遺言書で私の遺産をすべて〇〇養老院に寄付したとしても、貴方は遺留分として、遺産の2分の1を受ける権利があります。

　これはお願いですが、私の遺産が〇〇養老院に寄付された場合には、貴方には遺留分減殺請求をしないでほしいのです。ひどい親だとお思いでしょうが、どうか私のわがままを許してください。

敬具

**Advice**　配偶者や親、子供には、遺留分がある。遺留分とは法律上最低限相続できる割合のことである。たとえば、遺言書で財産のすべてを他人に与えたとしても、子供であれば遺産の2分の1を取り戻すことができる。この取り戻す権利を、遺留分減殺請求（74ページ）という。遺留分減殺請求は必ずしなければならないものではないので、遺言書を作成する際に、遺留分を減殺しないように相手に伝えるとよい。ただ、伝えたとしても、相手に法的な義務が発生するわけではない。

## 文例4　遺産分割協議を申し入れる

　　　　　　　　　　　　　　　　　　　　平成〇〇年〇月〇日
〇〇〇〇様
　　　　　　　　　　　　　　　　　　　　　　　　〇〇〇〇

前略
　私達の父が亡くなり、早いものでもう〇か月が過ぎようとしていますが、そろそろ、父が残した財産の整理について兄弟の間で話し合いをしたいと思います。つきましては、平成〇〇年〇月〇日に、私の自宅においでいただき、和やかな雰囲気で協議を行いたいと考えております。もし、この日ではご都合が悪い場合には、ご一報ください。
　　　　　　　　　　　　　　　　　　　　　　　　　　草々

**Advice**

　相続人が複数いる場合、遺産は各相続人（共同相続人）が共同で所有することになる。ただ、共有状態では、自由に遺産を使用・処分することができないので遺産分割（誰がどの遺産を譲り受けるか）をすることになる。共同相続人は、遺言によって遺産の分割が禁じられていない限り、いつでも遺産分割協議を行い、遺産分割をすることができる。遺産分割協議は、共同相続人全員で行なわなければならず、1人でも欠けた場合には、その協議は無効となる。
　遺産をめぐっては、骨肉の争いが生じることもある。そのため、遺産分割協議の申入れをする際には、柔らかい表現を心がけるとよい。

## 文例5　譲渡遺産の返還請求をする

平成○○年○月○日

○○○○様

○○○○

　私たちの父△△△△の死後、同人が所有していた南大路炉山人の酒器を、私たちの兄××××が貴殿に売却したとうかがいました。しかし、酒器は××××及び他の相続人全4名の共有物であり、上記売却には私たちは同意しておりません。
　つきましては、私たち3名は、貴殿に対して共有者として引き渡しを請求し、3名の代表として□□□□が貴殿宅に酒器を取りにうかがいますので、同人にお引き渡しくださいますよう、お願い申し上げます。

**Advice**　被相続人（相続される人）の死亡によって相続が開始され、遺産分割がなされるまでは、相続財産は相続人の共有である。そのため、相続人の1人が、勝手にその持分を超えて相続財産を売却することはできない。売却された相手は、当然、相続財産を返還しなければならないが、相手も被害者である可能性もあるので、丁重な表現を用いるとよい。

## 文例6　遺産処分の差止めを請求する

　　　　　　　　　　　　　　　　　　　　平成○○年○月○日
○○○○様
　　　　　　　　　　　　　　　　　　　　　　　○○○○

　平成○○年○月○日、父△△△△死亡により開始した相続については、いまだ遺産分割協議が成立するにいたっておりません。しかし、△△△△の相続財産の一部であり貴殿が占有している骨董を貴殿が勝手に処分しようとしていると聞き、驚きと共に本書面を送付する次第です。
　相続財産の一切は、遺産分割がなされるまでは、私たち相続人全員の共有とされるので、貴殿の持分を超える処分は、横領とも評価されうるものです。
　つきましては、遺産分割が終了するまで勝手に処分することなきよう要求すると共に、なおも処分をしようとする場合には、法的手段も講ぜざるを得ないことを警告いたします。

**Advice**　相続開始から遺産分割がなされるまでの間、相続財産は相続分に応じた相続人の共有となる。そのため、他の共有者の同意なく、相続人の一人が単独で相続財産の一部を売買することは原則としてできない。このように勝手な処分を行うと、後に遺産分割において、トラブルの元になる。勝手に処分されても取り戻せばよいとはいえるが、その手間とコストはバカにならないので、警告も含めて通知しておくとよい。

第3章　相続・遺言

## 文例7　負担付遺贈を受けた者に負担義務を履行するように請求する

平成〇〇年〇月〇日

〇〇〇〇様

〇〇〇〇

　私は、平成〇〇年〇月〇日に亡くなった××××氏の遺言執行者です。貴方は、遺言により、××××氏の自宅と敷地を遺贈されました。ただ、遺贈の条件として貴方は貴方の母親の面倒を見ることになっていました。しかし、いまだ△△△△様は弟様のもとにおり、引き取りに見えていないようです。

　つきましては、本書面到着から〇か月以内に上記負担付遺贈の負担義務を履行するように催告いたします。万が一、これを以っても履行されない場合には、家庭裁判所に遺贈の取消しを請求いたしますので、あわせて申し伝えます。

**Advice**　母親の面倒を見るなど一定の義務を課すことを条件とした遺贈があったにも関わらず、その義務を果たさない者は遺贈を取り消されることがある。そのため、文書には、どのような条件であったか、また、その条件を果たしていない旨を記載する。その上で、警告として、家庭裁判所に取消しを請求することを示しておく。

## 文例8　相続分を侵害した者に対して相続回復の請求をする

平成○○年○月○日

○○○○様

○○○○

相続回復請求

　平成○○年○月○日、貴殿の夫△△△△の死亡により開始した相続について、貴殿はその妻であり、また唯一の相続人として相続財産のすべてを取得したと聞きました。しかし私は△△△△との前妻との間の子であり、共同相続人です。

　つきましては、貴殿は上記のとおり相続財産のすべてを取得し、私の遺留分を侵害していますので、その遺留分を私に返還するように、相続回復請求をいたします。

**Advice**

　相続回復の請求は、相続人でない人が、本当の相続人の権利を侵害して相続財産を管理、占有している場合に、本当の相続人が、その相続分にあたる財産全部の引き渡しを請求する権利である。
　上記文例では、相続分を侵害しているのは妻であり、相続人でない人にはあたらないが、他の相続人の相続分を侵害していることを知らない場合には、この規定の適用があるとされている。相続回復請求は具体的な財産の明示をする必要はなく、相続回復請求をする旨だけで足りるとされるので、上記文例のような記載で足りる。

## 文例9　相続を放棄してくれるように依頼する

平成〇〇年〇月〇日

〇〇〇〇様

〇〇〇〇

拝啓
　時下ますますご清祥の段、お慶び申し上げます。
　平成〇〇年〇月〇日に父が亡くなり、1か月が経とうとしています。葬儀のほうも一段落したので、懸案だった父の遺産について兄である貴殿に伝えたいことがあります。
　父の遺産は、現在、私が農業を営んでいる土地だけです。貴殿もご存知のとおり、私は父の生前の頃より、父と共にこの土地で農業を営んできました。
　今回、父の死亡により貴殿には、遺産の2分の1が相続されることになりますが、この土地の半分を貴殿に譲ってしまうと、私は農業を続けることができなくなってしまいます。
　貴殿はすでに会社員としても十分に成功を成し遂げています。そのため、大変心苦しいのですが、貴殿には相続を放棄してもらいたいのです。勝手なお願いとはわかっていますが、どうぞよろしくお願いいたします。

敬具

**Advice**　相続の放棄とは、遺産の受け入れを拒否することをいう。遺産が、農地や店舗などの場合には、相続分（各相続人が得られる遺産の割合）にそって遺産を分割してしまうと、遺産の価値が下がってしまうことがある。そのような場合に、相続を放棄してもらうことで解決を図ることができる。ただ、一般には、相続を放棄してもらうかわりに、一定の金銭を支払うことが多い。

## 文例10　延命治療を拒否したい場合の書面

第3章　相続・遺言

---

尊厳死宣言書

○○○○は家族に対してより次のとおり要望する。

1　○○○○が、現在の医学では不治の状態になり、死期が近いことが判明した場合、苦痛を伴う死期を延ばすだけの延命措置は行わないでほしい。

2　○○○○が半年以上にわたって、植物状態になった場合は、生命維持装置などによる延命措置は行わないでほしい。

平成○○年○月○日

　　　　　　　　　　　　東京都○○区○○町○番○号
　　　　　　　　　　　　　○○○○　　　印

---

**Advice**

　末期医療において、治る見込みのない植物状態になった時に、治療を打ち切ってもらって自然な死を迎えたいと考える人は多い。自分の尊厳を保ちながら、安らかで人間らしい自然な死を迎えたいという要望を宣言することを尊厳死宣言という。
　尊厳死宣言を行う場合、「死期を延ばすためだけの延命措置はとらないでほしい」という要望を、はっきりした書き方で記す。一般に宣言内容は、①延命措置の停止、②苦痛を和らげる処置を最大限に利用すること、③植物状態での生命維持措置の停止、の3つである。

## 文例11 永代供養を受けられるように信託する遺言書

遺 言 書

　遺言者○○○○は本遺言書により次のとおり遺言する。
1　遺言者の財産のうち、○○銀行○○支店遺言者名義の定期預金1億円を以って以下の信託をする。
　(1)　信託の目的　　遺言者及びその祖先の永代供養のため、供養料、墓地管理料、及び法要費用を支払う。
　(2)　受託者　　　○○信託銀行
　(3)　受益者　　　宗教法人○○○
　(4)　信託財産の給付方法　　信託財産からの収益金により給付する。なお、不足が生じたときには、元本から必要金額をその都度支払うものとする。
　(5)　信託期間　　33年。ただし、終了時に受託者に異議のないときは、5年ずつ自動延長するものとする。
2　上記1による信託を設定した残余の財産は、それぞれの相続人に相続分に従って相続させる。
3　本遺言の遺言執行者として次の者を指定する。
　住所　東京都○○区○○町○丁目○番○号
　　　　　　　　　　　　　　　　弁護士　　　○○○○

平成○○年○月○日
　　　　　　　　　　　東京都○○区○○町○丁目○番○号
　　　　　　　　　　　　　　遺言者　　○○○○　　印

**Advice**　誰に墓を継がせるかは、遺言者が自由に指定できる。ただ、祭祀承継者（墓を継ぐ者）を指定しても、その人が必ず供養をし続けてくれるという保証はない。そこで、信託銀行などに信託して、自分の死後、墓地の管理や法要の費用（永代供養料）を、信託財産の収益金で支払ってもらうというのも1つの方法である。そうしておけば、信託銀行から寺院などに対して供養料が確実に支払われるので安心できる。

## 文例12　財産の信託をする場合の遺言書

遺　言　書

　遺言者〇〇〇〇は本遺言書により次のとおり遺言する。
1　遺言者の妻〇〇〇〇の成年後見人として次の者を指定する。
　　　住所　東京都〇〇区〇〇町〇丁目〇番〇号
　　　　　〇〇〇〇（昭和〇年〇月〇日生）
2　妻〇〇の財産管理と生活資金給付のために以下のことを信託する。
　(1)　受託者　　　〇〇信託銀行
　(2)　受益者　　　〇〇〇〇
　(3)　信託期間　25年
　(4)　収益金の支払方法　　毎月月末に成年後見人の管理する受益者の口座に振り込む。
　(5)　信託終了時の権利帰属者　　受益者
　(6)　信託財産　　金1億円
3　上記2による信託を設定した残余の財産は、他の相続人に均等に相続させる。
4　本遺言の遺言執行者として次の者を指定する。
　住所　東京都〇〇区〇〇町〇丁目〇番〇号
　　　　　　　　　　　　　　　弁護士　　〇〇〇〇

平成〇〇年〇月〇日
　　　　　　　　　　東京都〇〇区〇〇町〇丁目〇番〇号
　　　　　　　　　　遺言者　　　〇〇〇〇　　印

**Advice**　自分が死んだ後、認知症などの精神的な障害で判断能力を失った配偶者の生活が心配であるという場合には、遺言で成年後見人（判断力を失った者を保護する制度）を指定しておく。また、配偶者だけでなく未成年者の子など遺族の財産管理が心配だという場合には、遺言信託を利用するとよい。遺言信託は、遺産の全部または一部を信託銀行に管理・運用してもらい、その利益を受益者が銀行から受け取るというものである。

## 文例13　認知症の妻に土地と家を遺したい場合の遺言書

遺　言　書

　遺言者〇〇〇〇は本遺言書により次のとおり遺言する。
1　遺言者は、妻の〇〇に次の物件を相続させる。
　(1)　土地
　　所在　　　　東京都〇〇区〇〇町〇丁目
　　地番　　　　〇番〇
　　地目　　　　宅地
　　地積　　　　100.00㎡
　(2)　建物
　　所在　　　　東京都〇〇区〇〇町〇丁目〇番地〇
　　家屋番号　　〇番〇
　　種類　　　　居宅
　　構造　　　　木造瓦葺2階建
　　床面積　　　1階　50.00㎡
　　　　　　　　2階　30.00㎡
2　遺言者の死後、弟〇〇〇〇は直ちに妻〇〇にかかる成年後見人を選任する手続を行うこと。
3　〇〇〇〇を後見人とする。
4　〇〇〇〇を後見監督人とする。

　平成〇〇年〇月〇日

　　　　　　　　　　　　東京都〇〇区〇〇町〇番〇号
　　　　　　　　　　　　遺言者　　〇〇〇〇　　印

**Advice**　判断能力が欠けている、あるいは不十分とされた人に対しては、成年後見人や保佐人を選任して、財産の管理などを本人の代わりにしてもらうことができる。
　成年後見制度には、家庭裁判所に選任を申し立てる法定後見制度と任意後見契約による任意後見制度がある。このうち、法定後見制度はさらに後見、保佐、補助の3つに分けることができる。任意後見制度は本人の判断能力が衰える前から利用できるが、法定後見は判断能力が衰えた後でないと利用できない。

## 文例14　障害のある配偶者に財産を多く遺したい場合の遺言書

遺　言　書

　遺言者〇〇〇〇は、本遺言書により次のとおり遺言する。
1　遺言者は、所有するすべての財産の相続分を次のとおり遺言する。
　妻　　　8分の6
　長男　　8分の1
　長女　　8分の1
2　遺産の大部分を占める現在居住中の住宅と土地は、妻〇〇生存中の遺産分割を禁止する。
3　長男〇〇、長女〇〇はともに協力して、障害者である妻〇〇の療養看護を行うことを強く希望する。
4　遺言者が他界した後、長男〇〇は直ちに妻〇〇に係る成年後見人の選任手続を行うこと。

　平成〇〇年〇月〇日

　　　　　　　　　　　東京都〇〇区〇〇町〇丁目〇番〇号
　　　　　　　　　　　　遺言者　　　〇〇〇〇　　印

**Advice**

　認知症などの精神障害がある配偶者を遺していくのは心配である。配偶者にできる限り多くの財産を相続させることができるように、遺言で相続分を指定しておくとよい。
　また、遺された子どもたちに配偶者の療養看護を託す他、成年後見人の選任についても指示しておくべきである。成年後見人は、精神上の障害で自分の行為の結果の是非について判断能力がない者を保護する役割を担う。配偶者が自分で財産を管理できない場合には、遺言書に成年後見人選任の手続を速やかに行うように記載しておくべきである。

## 文例15　愛人との子にも財産を遺したい場合の遺言書

遺　言　書

　遺言者○○○○は本遺言書により次のとおり遺言する。
1　遺言者の妻○○○○に次の財産を相続させる。
　⑴　土地
　　　所　在　　東京都○○区○○町○丁目
　　　地　番　　○番○
　　　地　目　　宅地
　　　地　積　　100.00㎡
　⑵　建物
　　　所　在　　東京都○○区○○町○丁目○番地○
　　　家屋番号　○番○
　　　種　類　　居宅
　　　構　造　　木造　瓦葺平家建
　　　床面積　　50.00㎡
2　○○○○（東京都○○区○○町○丁目○番○号居住、昭和○年○月○日生）に○○銀行○○支店遺言者名義の定期預金（口座番号×××××）すべてを遺贈する。
3　受遺者○○○○が上記2の遺贈の効力発生以前に死亡、又はその遺贈を放棄した場合には、その相続人である長男○○○○に遺贈する。
4　本遺言の遺言執行者として次の者を指定する。
　　住所　東京都○○区○○町○丁目○番○号
　　　　　　　　　　　　　　　　弁護士　　　○○○○

平成○○年○月○日
　　　　　　　　　東京都○○区○○町○丁目○番○号
　　　　　　　　　　　　遺言者　　○○○○　　印

**Advice**　愛人の子も認知すれば、自分の子として相続人となる。妻の相続分は2分の1で、他に子がいなければ、愛人の子の相続分は2分の1となる。ただ、特定の財産を愛人の子に残したいという場合には、遺産分割方法の指定（誰にどの遺産を与えるかを指定すること）か遺贈（74ページ）の形をとるとよい。遺贈は直接、子を受遺者（遺贈を受ける者）として行うか、愛人を受遺者として行う。愛人を受遺者とした場合で愛人への遺贈が無効になったときには子に遺贈する、とすることもできる。

**文例16** 愛人の子を自分の子として認知したい場合の遺言書

遺 言 書

　遺言者〇〇〇〇は本遺言書により次のとおり遺言する。
1　遺言者は、自分と〇〇〇〇（東京都〇〇区〇〇町〇番〇号在住、昭和〇〇年〇月〇日生）の間に生まれた子である〇〇〇〇を、自分の子として認知する。
氏名　　〇〇〇〇
住所　　東京都〇〇区〇〇町〇番〇号
本籍　　東京都〇〇区〇〇町〇番〇号
生年月日　昭和〇〇年〇月〇日
戸籍筆頭者　〇〇〇〇

2　遺言者は、次の預金口座の預金全額を、遺言者が認知した子である〇〇〇〇に相続させる。

〇〇銀行〇〇支店
普通預金口座番号〇〇〇〇〇〇〇〇

3　本遺言の遺言執行者として、次の者を指定する。
住所　　東京都〇〇区〇〇町〇番〇号
　　　　　　　　　　　　　　　　　　弁護士　　〇〇〇〇

平成〇〇年〇月〇日
　　　　　　　　　　　　　東京都〇〇区〇〇町〇番〇号
　　　　　　　　　　　　　　遺言者　　〇〇〇〇　　印

**Advice**
　愛人の子を遺言で認知する場合、それがどこのだれであるかを明確にするため、住所、氏名、生年月日などを明記し、認知する旨を記載する。認知すると、その子には嫡出子（婚姻した男女から生まれた子）の2分の1の相続分が認められる。相続財産や相続分について遺言書で指定しておくと、相続手続を円滑に進められる。なお、遺言によって、嫡出子と相続分を等しくすることも可能である。

## 文例17　家訓を受け継ぐように指示する遺言書

遺　言　書

　遺言者○○○○は本遺言書により次のとおり遺言する。
1　遺言者は、所有するすべての財産の相続分を次のとおり遺言する。
　　長男　　　4分の2
　　次男　　　4分の1
　　三男　　　4分の1
2　皆も承知しているとおり、わが○○家は江戸時代より代々染物屋として、その技術と伝統を守ってきた。日頃より子どもたちには言い聞かせてきたところであるが、遺言を定めるにあたり、改めて最後にわが家の家訓について述べることとしたい。
　すなわち、「創業は易し、守成は難し」である。創業は、当然創業者の力量に左右されるが、一方で時流に乗ることができれば一代で達成できるものである。しかし、長い年月、何代にもわたって守成を行うには、時流に乗れるときもあれば、乗れないときもある。むしろ、時流に乗れないときの方が圧倒的に長い。従って、博打のような冒険をせず、地道に家業に精を出すことが長続きする最大の秘訣である。
　上記1に記載した財産の処理等は、この家訓の精神に基づき熟慮した結果であるから、各相続人は充分にその旨を噛み締めて誠実に実行してもらいたい。

平成○年○月○日

　　　　　　　　　　　東京都○○区○○町○丁目○番○号
　　　　　　　　　　　　遺言者　　○○　○○　　印

**Advice**　現代では、遺言で家訓を受け継がせるのは珍しいことであるが、旧家などの場合には家訓を代々受け継いでいる例もまだまだ残っている。ただ、「家訓を守るように」と遺言書に書いてあったとしても、法的な意味はまったくない。これはあくまでも遺言者の希望であって、実際に家訓を守るかどうかは、遺族の気持ちしだいである。

## 文例18 生前に恩を受けた人にも財産を贈りたい場合の遺言書

遺 言 書

遺言者○○○○は本遺言書により次のとおり遺言する。
1　遺言者の長男○○○○に次の財産を相続させる。
　土地
　　　所　在　東京都○○区○町○丁目
　　　地　番　○番○
　　　地　目　宅地
　　　地　積　200.00㎡
2　○○○○（東京都○○区○○町○丁目○番○号在住、昭和○年○月○日生）に○○銀行○○支店遺言者名義の定期預金（口座番号××××）すべてを遺贈する。同人は介護福祉士として遺言者の日々の生活に関する世話を十分以上にしてくれ、仕事の関係で遠く離れて暮らしている遺言者の長男も同人の献身ぶりには大変感謝している。よって、長男の同意を得て、この遺贈を行うこととしたものである。
3　本遺言の遺言執行者として次の者を指定する。
　　　　　　　　　住所　東京都○○区○○町○丁目○番○号
　　　　　　　　　　　　弁護士　　　○○○○

平成○○年○月○日
　　　　　　　　　　　東京都○○区○○町○丁目○番○号
　　　　　　　　　　　　　遺言者　　○○○○　　印

### Advice

遺贈は遺言によって行う贈与なので、相続人以外の第三者に対しても遺贈することができる。生前に世話になった恩人や、身の周りの面倒をみてくれた人がいる場合、その人に遺産の一部を分け与えたいと思うこともある。

そうした場合には、遺言書にその人の氏名や住所、遺贈したい財産は何かなどを記載しておくとよい。

第3章　相続・遺言

## 文例19　葬儀などの指示をしたい場合の遺言書

遺　言　書

　遺言者○○○○は本遺言書により次のとおり遺言する。
1　遺言者は、所有するすべての財産の相続分を次のとおり遺言する。
妻　　　　4分の2
長男　　　4分の1
次男　　　4分の1
2　遺言者は、葬儀や告別式について次のように行われることを希望する。
⑴　遺言者が死亡した際は、通夜、葬儀、告別式いずれも近しい者だけで行うこと。
⑵　通夜、葬儀、告別式ともに決して派手にせず、質素にすること。
⑶　戒名には、遺言者の信条である「和」という文字を用いてほしい。また、院号等に拘泥する必要は全くない。
⑷　会葬いただいた方からの香典、供花等は固く辞退すること。
⑸　遺言者の遺骨は、先年先立った父の故○○が眠る○○寺の墓地に、一緒に葬ってもらいたい。

平成○○年○月○日

　　　　　　　　　　　東京都○○区○○町○丁目○番○号
　　　　　　　　　　　　遺言者　　　○○○○　　印

**Advice**

　葬儀や法要のやり方を遺言書で指示することはよくある。
　ただ、法的な強制力があるわけではない。実際に葬儀を行うのは遺族なので、どのように行うかは遺族の判断にまかされる。
　遺族はたいてい遺言者の意思を尊重してくれるはずなので、希望があれば積極的に遺言で明示しておくとよい。その場合、遺族が理解しやすいように、手順や方法などをできるだけ具体的に明確な表現で指示しておくことが大切である。

## 文例20　ペットの世話を頼む場合の遺言書

遺　言　書

　遺言者〇〇〇〇は本遺言書により次のとおり遺言する。
1　遺言者とペット同好会の仲間である〇〇〇〇（東京都〇〇区〇〇町〇丁目〇番〇号居住、昭和〇年〇月〇日生）に次の財産を遺贈する。
　　〇〇銀行〇〇支店遺言者名義の定期預金（口座番号××××）すべて。
2　受遺者〇〇〇〇は、上記1の遺贈に対する負担として、遺言者が長年育ててきた猫の「ココ」の面倒を生涯大事にみる義務と、その死後は手厚く埋葬する義務を負うものとする。
3　本遺言の遺言執行者として次の者を指定する。
　　　　　　　　住所　東京都〇〇区〇〇町〇丁目〇番〇号
　　　　　　　　　　　弁護士　　　〇〇〇〇

平成〇〇年〇月〇日
　　　　　　　　東京都〇〇区〇〇町〇丁目〇番〇号
　　　　　　　　　　　遺言者　　　〇〇〇〇　　印

### Advice

　ペットの世話を嫌がる人も多い。そのため、負担付遺贈の形でペットの飼育を依頼するという方法が考えられる。つまり、「ペットを飼育する義務を負う」という負担をつけて金品などの財産を遺贈（74ページ）するわけである。現金や預金を遺贈すれば、そこからペットの飼育や埋葬の費用もまかなえる。そうすれば、相手がペットの飼育を引き受けてくれる可能性が高まることになる。

## 文例21　死後遺族にしてほしいことを伝える遺言書

遺　言　書

　遺言者○○○○は本遺言書により次のとおり遺言する。
1　遺言者は、所有するすべての財産の相続分を次のとおり遺言する。
　妻　　　　8分の6
　長男　　　8分の1
　次男　　　8分の1
2　遺言者の書いた日記および手紙の類はすべて私物であり、誰の目にもふれるべきものではない。よって、すべて焼却処分してほしい。
3　遺言者は漁業を生業とし、その人生の大半を海上で過ごしてきたといえるが、あらためて死後の寝室を考えるならば、やはり、広い海がふさわしいと思う。そこで、遺言者の葬送にあたっては、遺骨は分骨して、その半分は祖先が眠る墓に納骨し、残りの半分は太平洋にまいてほしい。わがままな願いではあるが、遺言者の気持ちを汲み取ってどうか叶えてもらいたい。

　平成○○年○月○日

　　　　　　　　　　　東京都○○区○○町○丁目○番○号
　　　　　　　　　　　　遺言者　　○○○○　印

**Advice**
　個人的な日記や手紙などは、自分の死後であっても、他人に見られたくないと考える人も多い。このような場合は、見られたくないものの処分について遺言で伝える。遺族などによけいな好奇心を抱かせないように、「処分してほしい」旨の簡潔な記載だけで十分である。自分の死後の葬式の方式などを指示することもできるが、いずれの遺言にも法的な効力はない。

## 文例22　訃報に対するお悔やみ

```
                                         平成〇〇年〇月〇日
〇〇〇〇様
                                                  〇〇〇〇

急啓
　このたび御社広報部部長〇〇様が他界されたとの報を受け、驚きと共に大変残念に思っております。ご一同様のご落胆はいかばかりかと深くお察し申し上げます。
　ご生前の〇〇様にはひとかたならぬご厚情を賜りました。私どももできる限りのお手伝いをさせていただきたいと思っておりますので、御用がありましたら何なりとお申し付けください。
　謹んで〇〇様のご冥福をお祈り申し上げます。
                                                  草々
```

**Advice**　取引先の関係者が亡くなった場合は、お通夜や葬儀に出席してお悔やみを述べるのが礼儀であるが、遠隔地ですぐに駆けつけることができない場合は、お悔やみ状を出す。お悔やみ状には、お悔やみの言葉と共に、協力を申し出る言葉を添えておく。

第3章　相続・遺言

## 文例23　友人の死に対する弔辞

　○○さん、私は今ここにいることが信じられません。つい先日、電話で互いの近況を話し合っていた○○さんが、交通事故で亡くなるなど、予想もつきませんでした。それは、ここにいる私たち誰もが思ったことでしょう。
　○○さん、貴方の笑顔が忘れられません。私と貴方との出会いは、大学のスポーツサークルでした。貴方はサークルのキャプテンで、みんなの意見を取りまとめるのがとても上手でした。おそらくは、○○さんの笑顔と明るさに、みんなが取り込まれたのでしょう。
　その後、○○さんは、○○工業に入社して、とんとん拍子に出世していきました。私たちは○○さんであれば、当然のことだろうなと話し合ったものです。また、仕事が忙しいにもかかわらず○○さんは、月に一度は私たち友人を集めては、飲み会などを行いました。そのときも○○さんは、いつもあの笑顔で場をなごませてくれました。
　○○さんが残された奥様、そして、二人のお子さんに対しては、わたしたちができる限りのことをしたいと思っています。
　○○さん、お疲れ様でした。どうぞ安らかにお眠りください。

　平成○○年○月○日

　　　　　　　　　　　　　　　　　　　　　　　○○○○

**Advice**　弔辞は故人に対する思いを伝えるものなので、素直な気持ちを伝えるとよい。一般には、故人を送ることを悲しむ気持ちを伝え、その上で、故人との思い出を語り、故人の業績をほめたたえる、という流れで話すとよい。最後に故人の安らかな永眠を祈って締めくくる。

## 第4章

# クレーム・謝罪・示談

# 本章のポイント

## ● 相手にクレームをつけるときのやり方

　クレームとは、製品や提供しているサービスに対して、あるいは、それらに伴うさまざまな対応に対して、不満や不十分さを感じたときに、会社や店舗に要望を伝えることをいいます。ただ、一般には会社や店舗への苦情と混同されることが多く、何度も苦情を伝えているとクレーマーといわれることがあります。

　クレームは、通常、電話で行われますが、電話の場合、単なる苦情と思われることがあります。その点、文書で送付すると、こちらの真剣さが伝わり、相手も真摯に対応してくれることがあります。

　クレームを文書で行う際に注意すべき点は、相手にクレーマーだと思われないことです。クレーマーであると思われてしまうと、相手も誠実に対応してくれなくなります。

　そのため、感情的にならず、相手のどこが不満なのか、どうしてほしいのかを客観的に記載します。特に、「相手が販売している製品は性能がよいのでよく購入している」「相手の店によく通っている」など相手の製品や店をよく利用していることを記載し、こちらがユーザーであることを強調するとよいでしょう。

## ● クレーム対応をするとき

　一方、クレームを受けた場合は、どのように対応するべきでしょうか。前述したように、クレームは電話で受けるケースが多いものです。

　電話でクレームを受けた場合、クレームの電話を受けた人は、クレームを向けられている企業の一員として電話を受けていることを自

覚しましょう。自分の失敗が原因ではない場合でも、同じ組織の人間として、謝罪をする必要もあります。

担当者につなげる場合には担当者に電話を回します。担当者がいない場合、電話を受けた人が「責任を持って担当者に伝えます」と、代理で対応するようにします。代理で対応した場合でなくても、その場での提案が難しい場合には、後日必ず連絡をする旨を伝え（連絡日時はその場でハッキリと伝える）、顧客のクレームを増大させないよう心がけます。

いずれの場合でも、「電話のたらい回し」だけは絶対に避けるようにしましょう。電話のたらい回しをすることで、クレームがよりいっそう深刻なものになることはよくあることです。

クレーム対応で重要なことは、顧客側の言い分をきちんと聞き、何が問題なのか、何を望んでいるのかを明確に把握することです。その上で、どのような解決策があるのかを考えます。電話をかけている顧客は、感情的になっていたり、語気は激しくなくても怒りを持っている状態であったり、それぞれが異なる状況にあります。自分が話している相手がどのような状態にあるのかを適確に判断することが重要で

## クレーム対応時のポイント

■ 共感していることを伝える

| ○ | × |
|---|---|
| 相手の話をさえぎらない<br>あいづちをうちながら最後まで聞く<br>相手が不快だと感じたことについて共感する | すぐに反論する<br>相手の話を否定する<br>相手のせいにする<br>責任転嫁をする |

■ 謝罪・感謝の言葉を述べる

| ○ | × |
|---|---|
| 相手を不快にさせたことについて謝罪する<br>商品を買ってくれたこと、サービスを利用してくれたことなどに対して感謝の言葉を述べる<br>指摘してくれたことについて感謝をする | 原因が判明していないのに全面的に謝罪する<br>反論ばかりして一言も謝罪の言葉を述べない |

す。

　もし、電話ではすぐに対応できないクレームであった場合には、後で電話連絡をするか、文書を送付することになります。

　文書を送付する場合には、顧客の怒りや不満を和らげるために、まずは、商品やサービスを購入していただいたことに対する感謝の言葉を記載するよう心がけましょう。その上で謝罪の言葉と、今後の対応を記載します。文末には、顧客に対して「ご指摘をいただきまして大変ありがとうございました」と、感謝の気持ちを表現することも重要です。

　なお、反論や言い訳は相手を怒らせるだけです。こちらに非がない場合でも、決して言い訳や反論はしないようにしましょう。

## ● 個人情報の利用は慎重に

　インターネットプロバイダーや通販会社などから大量に流出した個人情報を詐欺などの犯罪に悪用する事件に対処するため、個人情報保護法が制定されたことは周知のとおりです。

　個人情報取扱事業者は、使用目的を具体的に示す義務や適正に維持管理する義務を負い、違反者には罰則が科せられます。対象となるのは、営利・非営利を問わず5000件以上の個人情報を持ち、事業のために使用している個人、団体、企業などです。

　個人情報の管理対策としては、まず自社がどのような位置にあるのかを知る必要があります。現在事業に利用している個人情報が何件あるか、どんな種類の情報があるか、管理・利用の状況がどのようになっているかを確認しましょう。

　企業や事業所の中には、さまざまな個人情報が存在しています。営業マンが個々に所有している名刺、退職者も含めた社員名簿、履歴書、顧客名簿、電話帳なども個人情報の一種です。

　まずは、これらの情報を今後どのような形で利用するのかを検討し、

ファイリングする、データベース化するなどの加工を施して管理しやすい状態にしておきましょう。すでに目的を達成し、不要となった情報は、早急に処分しましょう。

### ● 情報漏えい時の危機管理

どんなに安全管理に気を配っていても、ミスや悪意などから情報漏えいなどの事故が発生する可能性をゼロにすることはできません。このため、情報漏えいが起こってしまった場合を想定し、その後どのように対応していけばよいのかを定めておく必要があります。

まずは、情報漏えいなどの事故をできるだけ早く、確実に発見することが重要です。事業者側で監視をする体制を整えることはもちろん必要ですが、情報漏えいなどの事実は個人情報の本人または身近な人からの苦情や相談などによって発覚することも多いようです。そのため、個人情報の取り扱いに関する窓口をつくって早急に対応できるような体制を整えておきましょう。窓口を設置したら電話番号、メールアドレス、担当者名などをホームページ上でわかりやすい形で公表しておきます。

情報漏えいなどが発覚したときにやらなければならないことは、原因究明と被害拡大の防止、本人に対するアフターフォロー、再発防止の体制づくりです。今後の情報漏えいを食い止めるためにはホームページの閉鎖やサーバーの切断をするといった技術的な対策をとります。被害者に対する連絡と謝罪、今後の対応についての相談も行います。損害賠償やシステムの復旧については、被害拡大が阻止され、ある程度メドが立ってから行うのがよいでしょう。これらの対応を迅速に行えるような体制をあらかじめ作っておく必要があります。

### ● 謝罪文の書き方

謝罪文は、相手を怒らせてしまい、謝罪しなければならない場合に

書かれる文書です。個人から個人、会社から会社、会社から個人など、謝罪の対象はさまざまです。

　個人から個人、会社から会社への謝罪文は、事実関係の説明という性質もありますが、謝罪の気持ちを表すことが一番の目的です。会社から個人への謝罪は、非常に形式的なものです。文書ではなく、おもに電話を使って行われ、事情の確認や責任を明らかにすることを目的としています。

　謝罪文は相手を怒らせている状況で書くため、「心からお詫びする」という気持ちが相手に伝わらなければなりません。手紙の形式にしたがって書くのが一般的ですが、文頭にのんびりとした時候のあいさつを入れるのは避けましょう。

　ポイントは、①事情の説明、②謝罪の言葉、③今後に向けた姿勢の3点です。

　事情の説明は、言い訳にならないような簡潔な文章を心がけます。相手側の怒りを買わないような、怒りを少しでも静められるような表現が理想的です。また、今後のお互いの良好な関係を維持するためにも、対応方法についてふれたほうがよいでしょう。

　謝罪の言葉と今後に向けた姿勢は、謝罪文のメインともいえる部分なので、しっかりとした表現で書くことが大事です。

## ● 示談とは

　示談とは、話し合いで紛争の解決を図ることをいいます。法律的には、交通事故の賠償など民事上の争いをしている当事者が、裁判外において話し合いを行って、原則として当事者間の譲り合いによってその紛争を解決することをいいます。

　示談は、当事者間の争いを最終的に解決するための契約ですから、今後再び争いが起こらないようにすることが重要です。示談は民法上の和解と契約の性質が似ています。和解とは、争っている当事者が互

いに譲歩することで、争いをやめることを約束する契約のことをいいます。このように、和解が成立するためには当事者双方が互いに譲歩することが必要です。これに対して示談の場合、当事者の一方が全面的に譲歩する場合もありえます。

### ● 示談の特徴

示談は、裁判や調停（裁判所を介した話し合い）などを利用せず、当事者だけの話し合いによって解決する手段なので、時間がかかりません。また、当事者だけで話し合っているので、争っていることが周囲にはわかりません。そのため、あまり他人には知られたくないような争いごとを解決する手段としては、もっとも適しています。

ただ、犯罪などを犯した場合には、被害者と示談をしたとしても、相手が警察に通報してしまえば、示談の効力はなくなります。

また、当事者同士の話し合いといっても、実際のところは、賠償金の多寡がポイントになります。そのため、裁判の判決で支払いを命じられる賠償額よりは、支払額が大きくなる傾向があります。

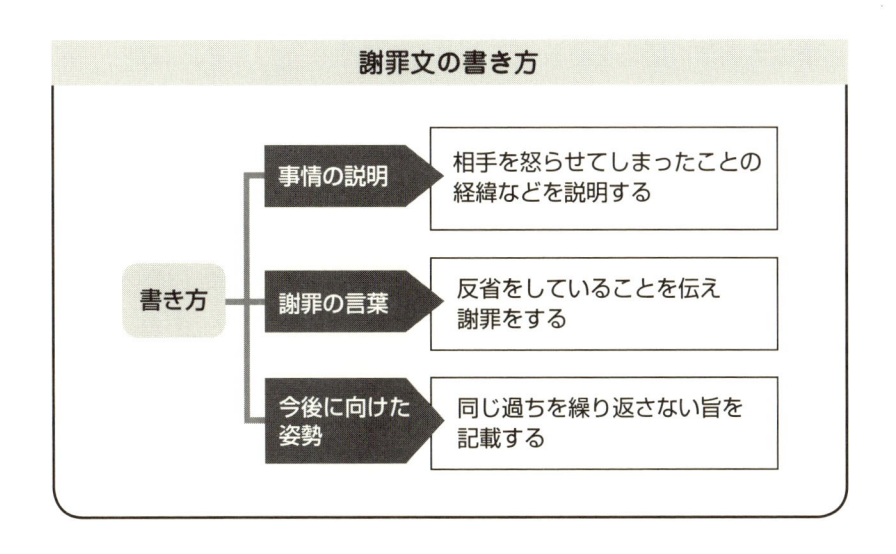

### 謝罪文の書き方

| 書き方 | | |
|---|---|---|
| | 事情の説明 | 相手を怒らせてしまったことの経緯などを説明する |
| | 謝罪の言葉 | 反省をしていることを伝え謝罪をする |
| | 今後に向けた姿勢 | 同じ過ちを繰り返さない旨を記載する |

## ● 示談書の書き方

　示談書には、それがどの争いについてのものなのかを特定して記載する必要があります。示談の原因となる紛争発生の時刻、場所、態様、その場合の状況などをできる限り特定して記載します。示談が成立すれば、同じ件で再び争えないのが原則です。

　そのため、事実関係を正確に把握し、後で問題が起こらないように文書を作成しましょう。紛争の範囲をあいまいにすると、後日、相手が示談を覆そうと図るとき、紛争の範囲があいまいである点をついてくる可能性が高いからです。

　また、示談書の最後には、「今後一切の請求はいたしません」という一文を必ず入れましょう。示談が成立しても、請求をしてくる場合があるからです。

　また、金銭的な問題だけでなく、明確に謝罪がなされるかどうかという点も重要です。被害者は示談の際に何よりも加害者側の謝罪を望むことが多いので、示談書に謝罪の意を書くのもよいでしょう。

　なお、交通事故の後遺症の場合のように、示談成立当時には予想しえなかった損害については、示談の効力は及びません。この場合には、再び損害賠償の請求をされることがあります。

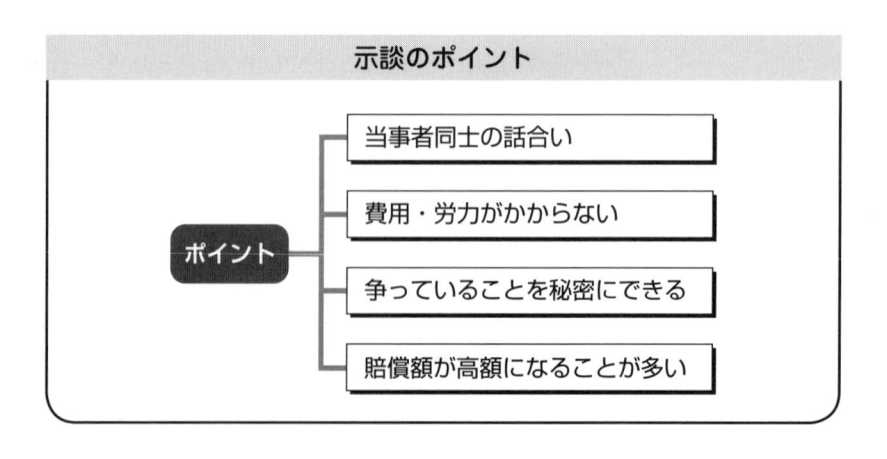

### 示談のポイント

ポイント
- 当事者同士の話合い
- 費用・労力がかからない
- 争っていることを秘密にできる
- 賠償額が高額になることが多い

## 交通事故の示談書サンプル

<table>
<tr><td colspan="3" align="center">示　談　書</td></tr>
<tr><td>事故発生日時</td><td colspan="2">平成○年　○月　○日　午前/午後　○時　○分頃</td></tr>
<tr><td>事故発生場所</td><td colspan="2">東京 都道府県　○○区○○町○丁目○番先交差点</td></tr>
<tr><td rowspan="2">当 事 者 甲</td><td>住所</td><td>東京都○○区○○町○丁目○番○号</td></tr>
<tr><td>氏名</td><td>○○○○　　自動車登録番号○○○○○○○○○</td></tr>
<tr><td rowspan="2">当 事 者 乙</td><td>住所</td><td>東京都○○区○○町○丁目○番○号</td></tr>
<tr><td>氏名</td><td>○○○○　　自動車登録番号○○○○○○○○○</td></tr>
<tr><td colspan="3">事故原因・状況<br>　甲の運転する加害車両が交差点を右折したところ、横断歩道を横断中の乙をはね、乙に上腕部骨折、左下腿部打撲の傷害を負わせた。</td></tr>
<tr><td colspan="3">示　談　内　容<br>　1．甲は乙に対して、本件事故による損害賠償金として、既払金の他に金○○万円の支払い義務があることを確認し、これを平成○年○月○日までに乙の指定する銀行口座に送金して支払う。<br>　2．1の期限に遅れた場合には、年15％の遅延損害金を支払うものとする。</td></tr>
</table>

　上記の通り示談が成立しましたので、今後本件に関しては、相互に債権債務がないことを確認し、一切の異議、請求の申立てをしないことを誓約致します。

**平成○年　○月　○日**

　　　　当事者甲　住所　**東京都○○区○○町○丁目○番○号**
　　　　　　　　　氏名　　　　○○○○　　㊞

　　　　運転者　　住所　　　　同　　上
　　　　　　　　　氏名　　　　　　　　　㊞

　　　　当事者乙　住所　**東京都○○区○○町○丁目○番○号**
　　　　　　　　　氏名　　　　○○○○　　㊞

## 文例1　サービスの悪いキャバクラ嬢へのクレーム

　　　　　　　　　　　　　　　　　　　　　　平成○○年○月○日
○○○○様
　　　　　　　　　　　　　　　　　　　　　　　　　　○○○○

　私は、貴殿が経営している○○店の常連です。貴殿も知ってのとおり週に何度か通っています。
　しかるに、貴殿の接客従業員に、私に対する接客態度がかなり悪い者がおります。私が話し掛けても何も話さず、いつも不機嫌な顔で私の隣に座っているだけです。その接客従業員は他の客に対してはかなり愛想がよいと聞いています。
　人には好き嫌いがあって当然とは思いますが、こちらは客であり、接客従業員は接客が仕事です。プロであるならプロに徹し、愛想はよくするべきです。また、貴殿はその接客従業員の私に対する態度について知っていたはずです。経営者である貴殿は、接客態度の悪い接客従業員を指導するべきです。
　私は、貴殿の経営する○○店に、会社に勤めた頃から通っています。○○店には愛着があり、今後も通い続けたいと思っています。何卒善処してくれるよう心よりお願いいたします。

**Advice**　クレームをする際には、相手の何が不満で、どうしてもらいたいのかを具体的に記載するとよい。ただ、不満だけだとクレーマーと勘違いされることがあるので、相手の店をよくしたいと思っているという心中も伝えるとよい。

**文例2** キャバクラ嬢に行ったわいせつ行為を謝罪する

平成○○年○月○日

○○○○様

○○○○

　先日は、貴方にご迷惑をおかけして大変申し訳ありませんでした。仕事のストレスや妻との不和などでかなりお酒を飲んでいたとはいえ、私の行為は恥すべきものであり、許されるものではありません。重ね重ね申し訳ありませんでした。
　今後は、節度をもって貴方の店でお酒を飲み、けっしてご迷惑をかけないよういたしますので、これからもお付き合いのほどよろしくお願いいたします。
　このたびは誠に申し訳ありませんでした。

**Advice**　自分の非を認め、素直に謝罪の気持ちを記載する。自分の行為を正当化したり、なぜそのような行為に及んだのかを長々と記載すると、相手をよけいに怒らせてしまうのでやめたほうがよい。

第4章　クレーム・謝罪・示談

## 文例3　ブログの無断転載を謝罪する

平成○○年○月○日

○○○○様

○○○○

　このたびは、貴殿のブログに記載されたイラストを私のブログに盗用してしまい、誠に申し訳ありませんでした。
　貴殿のイラストがあまりに優れたものであったため、つい出来心で自分のブログに掲載してしまいました。
　ブログに掲載後、貴殿からのメールで自分のしてしまったことの重大さに気づきました。貴殿からメールをいただいた後、貴殿のイラストは削除し、ブログには無断掲載をしたことの報告と謝罪文を掲載いたしました。
　今後はこのようなことはいたしませんので、どうかお許しください。

**Advice**　ネット上だと、簡単にコピーができるので、つい自分のブログに他人のイラストなどを掲載してしまいがちである。ただ、他人のブログに掲載されたイラストなどを盗用すると損害賠償などを請求されることがあるので、掲載する場合には許可をとる必要がある。

## 文例4　不倫したことを妻の両親に謝罪する

平成○○年○月○日

○○○○様
○○○○様

○○○○

　このたびは、私の愚かな行為により、○○さんを深く傷つけてしまいました。誠に申し訳ありませんでした。また、そのことで、義父様、義母様にもご心配をかけてしまい、お詫びのしようもございません。

　決して○○さんに不満があるわけではなく、すべての原因は私の愚かさにあります。すでに相手の方との関係は絶っており、○○さんからはお許しをいただいております。

　これからは身を慎み、このようなことはもう起こさないことをお誓い申し上げます。また、○○さんを何よりも大切にしていく所存であります。

　厚かましいお願いですが、以前とかわらないご厚情をお願いできればと思っております。

　今後ともよろしくお願いいたします。

**Advice**　不倫をしたことを配偶者の両親に謝罪する場合には、自分の非を素直に認めることが大切である。また、不倫をした原因が配偶者にないことも強調しておくとよい。その上で、反省していることと、今後は配偶者を傷つけることはしない旨を記載する。

## 文例5　ネットの掲示板に勝手に写真を貼りつけたことを謝罪する

平成○○年○月○日

○○○○様

○○○○

　先日、内容証明郵便でご指摘いただいたインターネットの掲示板への貴方様の写真掲載の件につきまして、貴方様に無許可で写真を掲載したことを心よりお詫び申し上げます。

　インターネットには画像掲示板なるものが氾濫しているため、著名人でなければ顔写真を掲示しても問題はないものだと誤解しておりました。

　すでに貴方様も対処なされているかもしれませんが、当方もプロバイダの業者に連絡し、削除を要請しております。

　貴方様に多大なる不信感と不安感を与えてしまった事実を深く認識し、今後二度とこのようなことをしないことをお誓い申し上げます。

　重ね重ね申し訳ありませんでした。

**Advice**　正当な理由のない、他人の顔写真の公開はプライバシーの侵害にあたるため、損害賠償請求を受けることがある。返事を不当に遅らせるとそれこそ裁判沙汰になるため、速やかに対策を練ることが必要である。謝るだけでは相手は納得しないので、直ちに削除の手続きをとることが大切である。相手の態度によっては示談金を支払うことも考えるべきである。

## 文例6　ネットに個人情報を漏えいさせたので謝罪する

平成〇〇年〇月〇日

各位

〇〇〇〇

　　　　　　　　　お客さま情報の漏洩について

　この度、〇〇クリエイティブ（以下「当社」という）において、下記の個人情報漏洩の事実が生じたことが判明いたしました。
　個人情報をお預かりすることが常態となっている当社において、このような事故を発生させたことにつき、深く反省いたしております。また、関係者ならびにお客様に、多大なご迷惑をおかけしてしまったことを、心から深くお詫び申し上げます。

記

① 　事故の内容
　平成〇〇年〇月〇日〜同年〇月〇日までの間に当社のホームページにアクセスいただいたお客様の個人情報が、データ管理システムの不具合により、添付データとして送付されている事実が平成〇〇年△月△日に発覚しました。
② 　事故への対応
　事故の発覚後、速やかに監督官庁である、〇〇庁に連絡いたしました。
③ 　ご質問を受け付ける窓口
　本件につきましては、問い合わせ窓口を設置いたしましたので、別紙記載の電話番号までご連絡ください。

以上

**Advice**　個人情報を漏えいしてしまった場合、速やかにお詫びをすることが重要だが、文例集をそのままコピーしたような謝罪文は誠意に欠けるので、事故の原因事実の記載や問い合わせ窓口の設置といった信用回復へ向けた工夫が大切である。

### 文例7　失踪したことを家族に謝罪する

　　　　　　　　　　　　　　　　　　　　平成〇〇年〇月〇日
〇〇〇〇様
　　　　　　　　　　　　　　　　　　　　　　　　〇〇〇〇

　〇〇、元気にしていますか。△△や××も変わりないでしょうか。
　何の書置きもせずに突然失踪して本当に申し訳ありません。3か月前に会社をクビになって、仕事が全然見つからず、〇〇にまで当たり散らしてしまい、今にして思うと男として夫として父親として、本当に情けない限りです。
　苦しい時に支えあって助け合っていくのが家族なのに、つまらないプライドを振りかざして心配してくれた〇〇に暴力を振るって家を飛び出すなんて、人間失格だと思っています。
　あんなふうに勝手に家を出てしまったのでなかなか連絡もできず、2か月間も心配をかけ、ようやく新しい仕事が見つかりました。
　月末の日曜日に、できれば会って報告したいと思っています。もし許してくれるのなら、家の鍵を開けておいてください。

**Advice**　失踪を謝罪する場合、まずは心配かけたことを素直に詫びることが必要である。いずれ直接会って謝罪することになるが、なかなか言い出しにくい場合や会う前に伝えておきたいことがある場合には一筆書くのがよいだろう。文章の書き方よりも謝罪の気持ちを伝えることが何よりも大切である。

## 文例8　保証人に夜逃げしたことを謝罪する

平成○○年○月○日
○○○○様
　　　　　　　　　　　　　　　　　　　　　　○○○○

　このような手紙を差し出すこと自体何とも面目なく誠に申し訳なく思っています。
　借金を返せるあてもなく、連日のように続く催促、無言電話、勤務先への取立てに追い詰められ、自殺しようかとも思いました。しかし、自殺することもできず、何もかも嫌になって逃げ出してしまったことについては、謝ったところで許していただけるはずがないのはわかっています。
　人づてに貴殿と貴殿の家族が取立てで苦しんでいる現況を知り、あまりに自分が恥ずかしくなり、こうしてお手紙を書かせていただきました。
　多大な迷惑をおかけして本当に申し訳ありませんでした。借金は必ず自分で返済します。事情があって今すぐお会いすることはできないのですが、とりあえず、金○○万円を同封します。
　本当に申し訳ありませんでした。

**Advice**　借金した張本人が夜逃げをすれば保証人が代わって支払うのが通常であるため、保証人の人生をも狂わせてしまうことになる。解決のメドが立ち、状況が落ち着いたら文例のように近況を報告すると共に、誠意をもって謝罪するのがよいだろう。

第4章　クレーム・謝罪・示談

## 文例9　保証人に破産したことを謝罪する

平成○○年○月○日

○○○○様

○○○○

　貴殿には何と申し上げればよいのか、お詫びの仕様もありません。

　今さら弁解の余地はないのですが、仕事のあてははずれ、身を隠したはずの場所にも取立屋が現れ、泣きじゃくる子どもの顔を見ていると、いてもたってもいられなくなり、法律事務所に駆け込みました。弁護士先生から自己破産を勧められ、苦しみから解放されると安堵し、手続きをお任せしました。

　破産しても保証人の責任はなくならないと聞いた時には愕然としましたが、これ以上の苦しみに耐えることはできず、了承しました。

　4か月前に「必ず自分で返済する」といっておきながらこの始末、貴殿のことを思うと慚愧と後悔の念に耐えません。

　すでに貴殿に合わせる顔はないことは百も承知しておりますが、せめてお詫びだけでもさせてください。

**Advice**　直接会うことがためらわれるほどの不始末を犯したものの、謝罪だけでもしたいという場合、せめてものお詫びとして手書きの文書を送るのがよいだろう。ウソや隠し事は一切しないことが大切である。保証人側も何らかの法的手段を講じている可能性があり、状況が思ったより悪くなければ返事がくる可能性もある。

## 文例10　取引先に不渡りをだしたことを謝罪する

平成○○年○月○日

株式会社○○商事
代表取締役　　○○○○様

　　　　　　　　　　　　　　　　　株式会社○○
　　　　　　　　　　　　　　　　　　代表取締役　　○○○○

　先日、貴社が決済した手形が不渡りとなった点につきまして、ご迷惑をおかけいたしましたことを心よりお詫び申し上げます。
　このような事態に至りました原因は、先日ご連絡差し上げました株式会社○○ジャパンと当社との合併手続きの際の情報の伝達に齟齬が生じ、支払銀行に入金がなされなかった点にございます。
　情報管理システムの統合を急ぐあまりにこのような事態を生じさせてしまったことにつきまして、当社を代表して、重ね重ねお詫び申し上げます。
　当社の経営状態は当期決算書の通り、問題はございません。これを機に手続きの進め方を見直し、このような事態を二度と生じさせないように努めて参りたいと考えております。
　今後ともよしなにお取りはからいいただけますよう、よろしくお願い申し上げます。

### Advice

　手形の不渡りとは平たく言うと手形の支払がなされないことである。6か月以内に二度の不渡りを出すと銀行取引停止処分になるが、1回目でも銀行からはマークされることになる上、手形を呈示した者には手形が返却されることになるので信用失墜につながるおそれが生じる。
　そのため、書面には原因を明記し、信用回復に努めることが大切である。

## 文例11 お金を借りた際に相手に渡す借用書

平成〇〇年〇月〇日

〇〇〇〇様

〇〇〇〇

### 借用書

借用金　金〇〇〇万円也

　上記の金額を本日確かに次の約定により借り受け、受領しました。

一、上記の借用金の返済期日を平成〇〇年〇月〇日とします。

一、利息は年〇％とします。

一、借用金および利息とも上記の借用金の返済期日までに貸主の住所に持参します。

一、万が一、当方が返済期日までに返済しなかった場合には、返済期日より年〇％の遅延損害金をお支払いします。

**Advice**　借りた金額と返済期日は必ず記載する。利息を定めたときは、利率についても記載しておく。利息とは、お金を借りたことの費用として支払うものである。遅延損害金とは、返済期限までに支払うことができなかったことに対するペナルティである。

## 文例12　商品を納品することを約束する念書

第4章　クレーム・謝罪・示談

　　　　　　　　　念　　書
　　　　　　　　　　　　　　　　平成〇〇年〇月〇日
株式会社〇〇商会
代表取締役　〇〇〇〇様
　　　　　　　　　　　　　　　株式会社〇〇産業
　　　　　　　　　　　　　　　代表取締役　〇〇〇〇

弊社、株式会社〇〇産業は、次の事項を約束します。

一、貴社より発注いただいておりました平成〇〇年〇〇月〇〇日付の物品売買契約書にもとづくご注文の品は、先月〇月〇日が納期でしたが、弊社の在庫数の不足から今月〇月〇日まで延期しなければならないことになりました。つきましては、万一再び納品が遅れた場合には、契約書第〇条にもとづく損害賠償の請求を受けても何ら異議を申しません。

後日のため、念書を差し入れます。

**Advice**
商品の納品や債務の支払いなどを約束する場合に債権者からの要求で念書を書かされることがある。
念書とは、後日、証拠として用いるために、念のため作成される文書のことである。後日、言った言わないといったトラブルを避けるためである。

## 文例13　債権者に提出する支払計画書

支払計画書

　このたびは大変ご迷惑をおかけして申し訳ありません。
　貴社への返済につきましては、下記返済計画により責任をもって完済いたしたく、この書面をもって確約いたします。

記

・返済合計金額
　　金10,000,000円
・返済計画
　　　　　　8月31日　　　　￥1,000,000
　　　　　　9月30日　　　　￥3,000,000
　　　　　　10月31日　　　　￥3,000,000
　　　　　　11月30日　　　　￥3,000,000

　つきましては諸事情をご理解いただき、弊社売上、営業の充実をはかるため、勝手ながら上記計画案にてお願い申し上げます。

・資金計画と売上予測
　＜資金計画＞
　　○○銀行融資　￥10,000,000　　8月末実行予定
　＜売上予測＞
　　　　　　8月計　　　　￥12,000,000
　　　　　　9月計　　　　￥7,000,000
　　　　　　10月計　　　　￥8,000,000
　　　　　　11月計　　　　￥10,000,000
※主要取引先は○○株式会社、××株式会社

**Advice**　支払計画書とは、債権者（貸主）が、資力が乏しく、すぐに返済してもらえそうもない債務者（借主）に対して、作成してもらう書面のことである。債務者に返済の計画を立てさせることで、債務者にプレッシャーを与えると共に、返済時期を区切ることができる。

## 文例14　ちかんをした女性に示談を提案する

平成〇〇年〇月〇日

〇〇〇〇様

〇〇〇〇

　このたびは、〇〇〇〇様に不快な思いをさせてしまい誠に申し訳ありませんでした。
　酔っていたとはいえ、私が〇〇〇〇様に電車内で行った行為は卑劣であり、お詫びのしようもございません。当事者である私がどれほど謝罪したとしても、〇〇〇〇様の悲しみと怒りを増幅させるだけだと思いますが、誠に申し訳ありませんでした。
　今回のことで私は自分を恥じ、一生自分のしたことを反省していくつもりです。
　ただ、恥を承知でお願いしたいのですが、被害届を取り下げてもらえないでしょうか。今回のことで、私が起訴されてしまうと、私の家族が路頭に迷うことになります。〇〇〇〇様にはご迷惑をおかけしておいて、家族には迷惑をかけたくないというのが、むしのよい話であることは承知しております。勝手な言い分ですが、お願いいたします。
　できれば、一度お会いしてお話をしたいと思っています。直接会うのが難しいのなら代理人でもかまいません。〇〇〇〇様が納得のいく形で話し合いができればと思っています。
　このような提案が〇〇〇〇様をさらに傷つけてしまったのでしたら誠に申し訳ありません。できる限りのことはいたしますので、どうかお願いいたします。
　ご連絡をお待ちしております。

**Advice**　示談の提案は相手の気持ちを踏みにじる可能性もあるので慎重に行わなければならない。そのため、相手の気持ちに配慮した表現を用いる。なお、あくまで示談に応じるかどうかは相手次第であることを記載しておく。

## 文例15　中絶してもらうために示談を提案する

平成○○年○月○日

○○○○様

　　　　　　　　　　　　　　　　　　　　　　　　○○○○

　このような提案を貴方にしなければならないことを大変恥じております。
　いくら酔っていたとはいえ、欲望にまかせて、貴方を傷つけてしまったことは、とても許されるものではありません。
　ただ、私はまだ就職したばかりで経済力に乏しいですし、仕事に集中しなければならない時期です。とてもではありませんが、子供を育てていける状況ではありません。
　どうかお願いです。子供をおろしてもらえないでしょうか。中絶費用とお詫びためにいくらかの金銭を用意してあります。
　ご連絡をお待ちしております。

**Advice**
　金銭を支払って中絶をしてもらうことは、女性をさらに傷つけることになる。道徳的にも許されることではない。そのため、お金で解決するだけではなく、誠意をもって話し合いをする必要がある。
　なお、刑法上、胎児の発育の程度を問わず、胎児をおろすことは禁じられている（堕胎の罪）。しかし、母性保護法では、経済的な理由で人工妊娠中絶することも可能とされている。

## 文例16　交通事故を起こした相手に示談を提案する

　　　　　　　　　　　　　　　　　　　平成○○年○月○日
○○○○様
　　　　　　　　　　　　　　　　　　　　　　　○○○○

　私は、心底、貴方に謝罪申し上げます。
　当夜は、翌日の仕事のことが頭から離れず、考えにふける余り、横断歩道を歩行中だった貴方に寸前まで気づきませんでした。急ブレーキをかけたものの止まり切れずに、車を接触させ、貴方を転倒させてしまいました。
　私の不注意でこのような不始末をおこしてしまい、反省してもしきれるものではありません。
　貴方が訴訟を提起するのも当然であると思います。ただ、訴訟は時間と労力がかかるものです。事故を起こした私がこのような提案をすることは間違っているかも知れませんが、できれば話し合いで解決できればと思っています。
　よろしければご連絡いただけないでしょうか。お待ちしております。

**Advice**
　交通事故を起してしまったこと、相手にケガをさせてしまったこと、に対して謝罪をした上で、示談の提案をするとよい。
　なお、示談交渉に際しては、保険会社にすべてをゆだねず、常に進行状況に気を配り、被害者が納得してくれているかどうかを確認すべきである。

第4章　クレーム・謝罪・示談

## 文例17　ケンカでケガをさせた相手に示談を提案する

平成○○年○月○日

○○○○様

　　　　　　　　　　　　　　　　　　　　○○○○

　私は、○○○○の母親です。先日は、○○たちが、貴方のお子様にケガを負わせてしまい、誠に申し訳ありませんでした。

　息子から聞いた話によりますと、息子が中心になって、その仲間数人と一緒になって、お子様を殴ったり、蹴ったりしたようです。

　私は、数年前に離婚して以来、女手一つで息子を育ててまいりましたが、今回の事件に接し、私の育て方が大きく誤っていたことに気づかされました。

　貴方のお子様に対しては、私が責任をもって息子にしっかりと謝罪させるつもりです。また、お子様の治療費についてもお支払をさせていただきますので、何卒穏便にすましていただけるようお願い申し上げます。このたびは誠に申し訳ありませんでした。

**Advice**

　ケンカでケガを負った場合も、れっきとした**傷害事件**となり、刑事事件に発展することもある。また、民事訴訟で損害賠償を請求されることもある。

　示談交渉に際しては、弁護士などの専門家に相談するのがよい。親として責任をもって子どもに謝罪をさせることが、ひいては当事者である子どもの成長にもよい影響を及ぼすものである。

## 文例18　著作権を侵害した相手に示談を提案する

平成○○年○月○日

○○○○様

　　　　　　　　　　　　　　　　　　　　　　　　○○○○

　私が、○○という曲を作るに際し、貴方が数年前に作られた△△という曲を念頭においていたことは事実であり、否定のしようがないことです。貴方の作品を素材として、何とか独自の特徴を出そうと努力したのですが、聞いている人たちにとっては、貴方の作品の二番煎じになってしまったようです。

　私は、今回の件につきまして、全面的に自分の非を認め、謝罪いたします。

　貴方の著作権を侵害したことについては、金銭的な面も含めて、誠意をもって対応していきますので、警察などには訴えないでいただけないでしょうか。金銭的なことについては、貴方と直接お会いして話し合いたいと思っております。ご連絡をお待ちしております。

**Advice**

　著作権侵害が認められると、差止請求や損害賠償請求を受けることがある他、著作権法違反として刑事起訴される可能性もある。著作権を故意に侵害した者は、10年以下の懲役または1000万円以下の罰金を科されることがある。また、法人の代表者、従業員が著作権侵害行為をしたときは、行為者の他、その法人も3億円以下の罰金に処せられる（両罰規定）。

　ただ、著作権法侵害罪は親告罪（225ページ）であり、著作権者による告訴がなければ、検察官は起訴することができない。

## 文例19 食中毒を起こした客に示談を提案する

平成○○年○月○日

○○○○様

○○○○

　私は、10数年来、ずっとこの地でお好み焼き屋を営んでまいりました。これまで食中毒を出したことは一度もありませんでした。

　ただし、今回、当店のお好み焼きが原因で貴方が下痢、嘔吐を起したのは、紛れもない事実です。

　私は、今回の件につきまして、全面的に自分の非を認め、謝罪いたします。

　食中毒を生じさせてしまったことに対しては、金銭的な面も含めて、誠意をもって対応していきますので、何卒穏便にすましていただけるようお願い申し上げます。

　今後は、調理場の清潔、安全にこれまで以上に気を配り、二度と今回のようなことのないよう、厳しく自戒して参ります。

**Advice**

　損害保険会社の保険に加入すると、食中毒による被害者への賠償を含め、営業停止による休業中の所得補償までされることがある。

　行政庁が営業停止処分をするには、原則として事業者を呼んで直接口頭で言い分を聞く手続き（聴聞）が必要だが、食中毒の場合等、緊急を要する場合には、省略されることがある。

# 第5章

# 督促・反論・抗議・絶縁状

# 本章のポイント

## ● 督促状の書き方

　督促状は、金銭の支払いを怠るなど相手が約束を守らない場合に、約束を守るように伝える文書です。通常は、借金の支払いや売掛金（未回収の商品の売上代金）の支払いなどを怠った相手に送付します。

　通常は、督促状を送付される相手に非があり、こちらとしても金銭の回収をしなければならないので、督促状の記載は、約束を守るように、強い表現を用いるべきです。

　ただ、感情的にならない表現にすることが大切です。相手の感情を逆なでするような表現にすると、相手が怒ってしまい、約束の実行が遅れる可能性もあります。

　なお、督促状には、相手が約束を守らない場合に、こちらがどのような対応をするのかを記載しておきます。相手にプレッシャーをかけるためです。一般には、会社間であれば取引の中止、個人間であれば強制執行（債権者が債務者の財産を売却して、金銭を回収すること）などの法的手段をとる旨を記載しておきます。

## ● 反論状の書き方

　相手から何らかの抗議を受けた場合、自分に正当な理由があったり、相手が明らかに誤解をしたりしていることがわかれば反論状を送付して自らの正当性を主張します。

　相手の単なる勘違いから抗議された場合は、状況をきちんと書面で説明し、場合によっては証拠となる文書（契約書など）のコピーを添える必要があります。相手が誤解している点を指摘し、相手を納得さ

せるようなきちんとした説明をしなければなりません。間違っても、自分が正当であることを必要以上に強調したり、相手のミスを攻撃したりしてはいけません。相手の心を傷つけないように、事実を冷静に説明するようにします。

　今後も付き合いを続けたい相手の場合は、相手が誤解をした原因は自分にもある、というようなニュアンスをほのめかす文面を作成できれば完璧でしょう。ただ、相手が穏便に事を解決する意向がない場合には、問題が訴訟にまで発展する可能性もあります。

## ● 抗議状の書き方

　抗議状は、相手の行為などに不満がある場合、相手の行動をあらためさせるために送付するものです。ただ、注意したいのは、抗議状は相手に不満をぶつけることが目的ではありません。相手の行為をあらためさせ、不満を解消することが目的です。そのため、抗議状を書く際には、感情的にはならず、抗議内容をはっきりと記載します。その上で、相手にどうしてもらいたいのかを記載することになります。

## ● 絶縁状の書き方

　絶縁状は、相手とのつながりを断つことを伝えるために送付するものです。ただ、親子や兄弟姉妹などに絶縁状を送りつけたとしても、法的には親子関係や兄弟姉妹関係などが絶縁することはありません。相続などは行われるということです。

　絶縁状は、相手とのつながりを断つので、書き方の注意点というものは特にありませんが、絶縁をする理由と相手との縁を断つことだけは記載しましょう。

## 文例1　借金の支払いを催促する

平成〇〇年〇月〇日

〇〇〇〇様

〇〇〇〇

催促状

拝啓

　厳しい暑さが続いておりますが、その後いかがお過ごしでしょうか。

　さて、先日貴殿にご用立てしたお金の件ですが、すでにお約束いただいた返済期限から3か月が過ぎています。ご返金もなく、また何のご連絡もございませんが、お約束はどうなってしまったのでしょうか。

　本来私は金銭の貸し借りはいたしません。しかし、小学校からの友人である貴殿に、必ず期限までに返済する、と請われたからこそ、私は信念を曲げて父から借りてご用立ていたしました。ご存知のように、私の父もすでに現役を退いており年金暮らしをしております。また、私も受験を控えた二人の子をかかえており、それほど余裕のある暮らしをしているわけではありません。

　様々な事情もあおりだろうとは察しますが、早急にご返金いただきたく、お願い申し上げます。ご返事、お待ちしております。

敬具

**Advice**　督促するときには、厳しくなりすぎないように注意する。相手の気持ちを思いやりながらも要件だけは明確に伝えるようにする。特に相手が友人などの親しい間柄の場合には、相手にも事情があることを踏まえ、自分にも余裕がないことを伝えて穏便に返金させるように仕向けるようにするとよい。

**文例2** 常連客に飲食代金の支払いを催促する

　　　　　　　　　　　　　　　　　　　　　平成○○年○月○日
○○○○様
　　　　　　　　　　　　　　　　　　　　　　　　　　○○○○

　　　　　　　　　　催促状

　いつもご贔屓にしていただいてありがとうございます。
　○○○○様においては、常連客として当方が経営しているスナックにご来店していただきいつも感謝しております。その○○○○様に、このようなことを請求するのは、当方としても大変心苦しいのですが、平成○○年○月から現在まで、飲食代の○○万円がいまだに支払われておりません。
　つきましては、大変ご面倒とは思いますが、平成○○年○月○日までお支払いいただきたくお願いいたします。
　これからも変わらぬご愛顧のほどよろしくお願いいたします。

**Advice** 常連客などに飲食代の請求をする際には、できるだけ丁重な表現にするように心がける。ただ、飲食代金を請求することだけははっきりと記載する。その上で、今後とも店に来て欲しい旨を記載する。

第5章　督促・反論・抗議・絶縁状

### 文例3　売掛金の支払いを催促する

平成〇〇年〇月〇日

〇△販売株式会社
　販売管理部長　〇〇〇〇殿

株式会社　△△開発
経理部長　〇〇〇〇

　　　　　　売掛金支払いのお願い

拝啓

　時下益々ご隆盛のこととお慶び申し上げます。

　さて、平成〇〇年〇月〇日に納入いたしました商品〇〇〇（納品書番号555）につきまして、平成〇〇年〇月△日請求書をお送りし、平成〇〇年〇月×日にお支払いしていただくことになっておりましたが、2週間が経過した現在に至りましてもいまだご入金の確認がとれません。弊社といたしましても、このような状態が続きますと、今後の事業に支障をきたしかねませんので、平成〇〇年〇月××日までには必ずお支払いくださいますよう、お願い申し上げます。

　なお、この件に関するご質問に関しましては、経理部長〇〇〇〇が承ります。

　まずは、書面にてお支払いの督促まで。

敬具

**Advice**　売掛金の督促であっても、あまりに強行な書面では相手の態度を硬化させることにもなるので、最初のうちは支払いをお願いするというような書面を作成する。それでも支払われない場合は、内容証明郵便などで法的に督促（催促）を行うことになる。

## 文例4　代金支払請求の最終通告をする

平成〇〇年〇月〇日

株式会社〇〇商事
　代表取締役　〇〇〇〇様

〇〇機器株式会社
　代表取締役　〇〇〇〇　印

　　　　　　　代金支払いのご請求

拝啓
　時下益々ご隆盛のこととお慶び申し上げます。
　去る平成〇〇年〇月〇日に納品した製品□□□については、平成△△年△月△日以降5回にわたって、弊社より代金〇〇〇万円の支払いを請求いたしましたが、まだ、お支払いいただいておりません。
　弊社といたしましても、資金繰りの都合がございますので、平成□年□月□日までに代金全額をお支払いいただきますようお願い申し上げます。
　なお、右期日までにお支払いいただけないようでしたら、弊社としては法的措置をとらざるを得ないことを申し添えておきます。

敬具

**Advice**

　代金支払いについて、督促状を何回か送付しても支払いがない場合の最終通告の文例である。期限までに代金支払いがなくても、相手から何らかの音信があれば、猶予期間を与えるなどの配慮をしてもよい。
　最終通告の書面なので、証拠として残すため内容証明郵便（24ページ）を利用した方がよい。文章の末尾には、法的措置などをとる可能性があることを示す一文を加えておくと効果的である。

第5章　督促・反論・抗議・絶縁状

## 文例5　ネットオークションのトラブルで契約を解除する

平成○○年○月○日

○○○○様

○○○○

### 解除通知書

　私は、平成○○年○月○日午後○時○○分に、インターネット・プロバイダーである「インフォイテージ」がホームページにて開催している「ゲット・フューチャー」なるオークション・サイトにて、貴殿が出品されていた○○社製電子オルガン（型式ＡＰＯ－６０５１）を、○○万円にて落札した者です。しかるに、私が貴殿指定の銀行口座に前記売買代金を振り込んだにもかかわらず、貴殿からのご連絡は、今日に至るまでございません。したがいまして、貴殿との売買契約につきましては、履行遅滞を理由として解除しますので、貴殿に支払済み代金の返還を請求いたします。万一、本書面到達後、○○日過ぎても、返還なき場合は、貴殿を詐欺罪で告訴することを申し添えます。

**Advice**　契約を解除する際には、成立時期や目的物、価格など契約内容を記載した上で、代金を支払ったのに、相手が品物を交付しないことを記載する。そして、もはや契約を維持する意思がないのであれば、相手が商品を渡さないことを理由にして、契約を解除する旨を主張する。さらに、代金をすでに支払っている場合には、その代金の返還を請求する。なお、履行遅滞とは、代金の支払期限までに、代金を支払わないことをいう。

## 文例6 名誉毀損の被害者が謝罪と慰謝料の支払いを請求する

平成○○年○月○日

○○○○様

○○○○

### 請求書

　貴殿も承知のとおり、私は今年度○○小学校ＰＴＡ会長の職にありますが、先の臨時役員会で、貴殿は、私が教職員と私的なお付き合いをし、金銭を不当に受けとるばかりか、長女の内申書に利便をはかることを求めているかの如き発言をなさいました。

　これらはすべて事実に反しており、私の名誉を著しく毀損するものとして、許しがたいものです。

　よって、関係者に謝罪を含めた事実説明の書面を送付すると共に、○○小学校教職員会及びＰＴＡ会報に謝罪文の掲載、および私に対して慰謝料として○○万円を支払うことを請求いたします。

**Advice**　他人の名誉を違法に傷つけることを名誉毀損というが、名誉毀損により、精神的、社会的損害が発生すれば、損害賠償請求の対象となる。書面を作成する際には、名誉毀損行為の内容を具体的に記載する。損害賠償の請求とあわせて謝罪文の掲載を求めることもできる。

第5章　督促・反論・抗議・絶縁状

## 文例7　セクハラで会社に損害賠償を請求する

平成○○年○月○日

○○株式会社
　代表取締役　　○○○○様

○○○○

### 請求書

　私は平成○年○月○日に貴社に入社以来、経理にて○○部長のもとに配属され、勤務してまいりました。平成○○年○月○日、貴社で行われた懇親会の最中、○○部長は隣の席にいた私の身体に何度も触れてきました。そのときは我慢をしましたが、その後も、○○部長は勤務中に人目のつきにくい場所に私を呼び出して身体を触れるなどの嫌がらせをしてくるようになりました。○○部長にそうした行為をやめてくれるように頼みましたが、話をまともに聞いてもらえず、嫌がらせも一向におさまりませんでした。困った私は、総務部の△△部長に、○○部長の行為を止めてもらうようにお願いしました。しかし、△△部長はとりあってくれませんでした。
　結局、○○部長による嫌がらせに耐えかねた私は、平成○○年○月△日に貴社を退社せざるを得ませんでした。○○部長の行為はセクシュアル・ハラスメントであり、貴社にはそれに対して適切な対応をする義務があります。私が貴社を辞めざるを得なかったのは貴社がその義務を果たさなかったからです。したがって、私は貴社に対して慰謝料として○○万円を請求いたします。

**Advice**　セクハラの被害を受けて対応を要求したにもかかわらず会社側が対応しなかった場合、加害者本人だけではなく会社を相手として損害賠償を請求することもできる。書面を作成する際には、退職に至った理由について冷静に書く。これを裏付ける事実も淡々と書き、感情的にならないように注意する。

## 文例8　セクハラの訴えに反論する

　　　　　　　　　　　　　　　　　　　　　平成○○年○月○日
○○○○様
　　　　　　　　　　　　　　　　　　　　　　　　　　○○○○

　平成○○年○月○日、貴方は、会社に対して私が貴方にセクシュアル・ハラスメントを行っている旨を伝えました。貴方がどのような理由で会社に訴えたのかはわかりませんが、私は貴方にセクシュアル・ハラスメントを行ったことはありません。
　確かにセクシュアル・ハラスメントは、本人が不快に感じるかどうかが問題になるので、何がセクシュアル・ハラスメントであるのか私にはわかりません。
　しかるに、そもそも私と貴方は部署が違うだけでなく、働くフロアーも異なっています。私が貴方と会うのは、会議のときだけであり、その際にも、プライベートな話は、ほとんどしたことはないと記憶しています。
　もしよければ、一度、第三者をはさんでお話をしたいと思っています。その中で、私に非があったことが判明すれば、お詫びをしたいと思っています。
　どうかご検討をお願いいたします。

**Advice**

　実際、何をもってセクシュアル・ハラスメントというのかは難しい。そのため、自分の考えを主張してもあまり意味がないことが多い。そのため、反論する際には相手の主張を聞いた上で、第三者をはさんで話し合うとよい。
　反論する際には、相手との関係も考えた記載にする。会社の同僚など今後も付き合っていく必要がある相手であれば、相手の立場も考え追い詰めるような記載はなるべく避ける。なお、反論に際して、脅迫的な意味合いの表現を用いることは絶対に避ける。

第5章　督促・反論・抗議・絶縁状

## 文例9　偽装表示をしている会社を内部告発する

　　　　　　　　　　マスコミ各位

　当方は、株式会社○○フードに勤務している者です。このたび、消費者の皆様のために、株式会社○○フードの不正についてお知らせしたいと思い、この手紙をマスコミ各社に送付いたしました。
　株式会社○○フードは、関東圏で魚介類の加工食品を販売している会社です。その中でも、鮭フレークは主力商品で、今年度の売上は、○○○○万円となっています。
　そして、私が告発するのも、この鮭フレークなのです。鮭フレークは、北海道産の鮭を使用していることになっていますが、実際には、北海道産ではなく外国産の鮭を使用しているのです。使用は5年前からです。フレークであれば、産地がどこであろうと消費者にはわからないという話し合いが、5年前に取締役会で行われ、決定されたそうです。
　食に携わるものとして、産地偽装を許すことはできません。
　どうか、皆様方のお力で株式会社○○フードの不正を明るみにしてください。お願いいたします。

**Advice**　内部告発をする際には、会社の不正を具体的に指摘することが大切である。ただ、あまりに詳細な情報を記載してしまうと、内部告発をした者が特定されることがあるので注意が必要である。また、会社の不正だけを伝え、会社への不満などは記載しないほうが無難である。

## 文例10 類似商号についての回答書

平成○○年○月○日

○×△生花株式会社
代表取締役　○○○○様

○△×生花
代表取締役　○○○○

回答書

　貴社から、平成○○年○月○日付の通告書を受領いたしましたのでご回答申し上げます。

　それによりますと、貴社の商号である「○×△生花」と当方が使用する商号である「○△×生花」とが類似しているとのご主張ですが、この「○△×生花」なる商号は、呼称上「○×△生花」という商号とは明らかに異なっております。また、一般人においても両者の営業を誤認・混同させる恐れはないものと思っております。

　そのため、貴社の主張には理由がないと思われますので、当方としては、貴社のご請求に応じることはできません。

　以上、ご理解くださいますよう、よろしくお願い申し上げます。

**Advice**
　書面は、商号の使用の中止を求められた場合に、それに回答するときのものである。2つの商号が類似しているかどうかの判別は、結局は、取引上、世間の人に、混同・誤認を生じさせるおそれがあるかどうかを標準として、具体的に判断するしかない。
　たとえば、判例にあらわれた事例では、「日本ペイント製造合資会社」という商号と、「日本ペイント製造株式会社」という商号は、類似商号であるとされた。

## 文例11　借りていない金銭の支払いを求める親戚に反論する

平成〇〇年〇月〇日

〇〇〇〇様

〇〇〇〇

拝啓

　ますますご清栄のこととお慶び申し上げます。

　さて、平成〇〇年〇月〇日に、貴殿より借金返済の通知をいただきました。このような通知をいただき、私をはじめ家族もひどく戸惑っています。私は貴殿から借金をしたことは一度もありません。貴殿の通知によれば、私が貴殿から借金をしたのは、平成〇〇年△月〇日になっておりますが、その日、私は家族と共に〇〇県の温泉にいっていました。

　もしかすると誰か別の人物と取り違えているようなことはないでしょうか。確かめていただき、それでも私が貴殿から借りているようであれば、直接お会いして話し合いをしたいと思います。

　ご返事をお待ちしております。

敬具

**Advice**　反論する文書は、場合によっては訴訟になることもある。そのため、相手が親戚など今後も付き合いがある場合には、自分の正当性を主張せず、相手が納得するような表現をするように心がけるとよい。

## 文例12　いじめをしている子の親に抗議する

平成○○年○月○日

○○○○様

○○○○

　私は、○○小学校で貴方の子△△△△君と同じクラスにいる○○○○の父親です。

　最近、息子が学校に行きたがらないため、よくよく理由を聞いてみると、どうも△△△△君からしばしばいじめられているらしいのです。具体的には、体育着や靴を隠されたり、教科書やノートにいたずら書きをされたりするようです。また、△△△△君は、クラスのボス的な存在のため、△△△△君の命令により、○○○○が他のクラスメートからも無視されることが多いそうです。

　息子からは、△△△△君の親には絶対に言うなと言われていますが、もしものことを考え、親同士で解決がつくならばとご相談した次第です。

　もし、貴方から△△△△君に注意をし、その後いじめが収束するならば、学校へは何も言わないつもりです。ただ、それが無理ならば、学校へも相談せざるを得ないと考えています。

　どうか私どもの心中をお察しくださり、誠意をもった対応をしてくださるようお願いいたします。

**Advice**
　義務教育課程では、学校には児童が健全な教育を受けられるよう配慮する義務がある。したがって、子どもが学校への連絡を拒んだとしても、万策尽きた場合には、学校に対しいじめ対策を要求すべきである。その際は、いじめの事実を秘密にすることを条件に、いじめ対策の具体的内容と対策が実行された後の報復防止についての方針を前もって知らせてもらうことが必要である。

第5章　督促・反論・抗議・絶縁状

## 文例13　学校に子供のいじめの阻止を求める

　　　　　　　　　　　　　　　　　　　　　　　平成○○年○月○日
○○○○市長

　　　　　　　　　　　　　　　　　　　　　　　　　　　○○○○

　私どもは、息子の△△を○○小学校（○県○○市○○町○番）5年1組に通わせている者です。

　最近、△△が学校に行きたくないと言い始め、話を聞くと、同じクラスの「□□」君（□□様のご子息）、「□○」君（□○様のご子息）によって、酷い言葉や暴力で毎日いじめられているとのことでした。

　先日、私どもは学校に行き、密かに観察・記録したところ、△△の言うとおり、いじめがなされていました。△△へのいじめの責任が「□□」君と「□○」君によるものであるのは明らかです。

　しかし、5年1組の担任である××教諭は、この事実を知りながら、漫然と放置しています。これは、クラス担任として、職務怠慢にあたります。

　よって、××教諭の雇用者の○市に対し、同教諭に、いじめを阻止する手段を取らせることを要求いたします。

**Advice**　子供のいじめの阻止を求める書面を作成する際には、いじめられている状況を具体的に記載する。また、いじめを原因として、子供自身に精神的苦痛が生じていることも記載するとよい。なお教師がいじめの事実を知りながらそれを放置しているような場合には、そのことも記載する。

## 文例14　ゴミの出し方の悪い近隣住人に抗議する

平成○○年○月○日

○○○○様

　　　　　　　　　　　　　　　　　　　　　　○○○○

　私は、○○マンションの管理人をしている者です。当マンションでは、1階西側隅にゴミ集積場があり、週・曜日ごとに分別収集を行っており、また、粗大ゴミについては個別に区に連絡して、有料で引き取ってもらうことになっています。

　ところで、貴方は、分別収集をまったく無視し、毎日のようにいろんなゴミを出しており、ベッドのような粗大ゴミについても集積所に投棄しているということを、マンションの住人の数人から聞きました。

　今後気をつけていただければよいのですが、改善が見られない場合には、区に相談することを考えています。

　早速ですが、集積所にあるベッドについては、即刻引き取ってください。

　同じマンションの住人同士のことですから、なるべく穏便にすませたいと思っております。どうか私の心中をお察しくださり、誠意をもった対応をしてくださるようお願いいたします。

**Advice**　不法投棄されてしまった場合は、投棄者の自主撤去を促すため、ゴミ自体に警告表示をすることも一つの方法である。粗大ゴミが投棄され、そのために交通の支障がある場合や早期撤去が必要と判断されるものは速やかに区役所などへ連絡するべきである。

第5章　督促・反論・抗議・絶縁状

## 文例15 ペットのしつけがなっていない近隣住人に抗議する

平成○○年○月○日

○○○○様

○○○○

　私は、貴方と同じ○○マンションの住人です。私の部屋は、貴方と同じ３階にあるのですが、貴方の飼っている猫が、最近しばしば私の部屋の玄関先に来ては糞尿をするのです。

　猫から伝染病が移るとよく言われています。私には生後まもない子どもがいるため、もしものことがあったらと心配でなりません。

　同じマンションの住人同士ですので、管理人に話したり、保健所へ連絡したりはせず、なるべく穏便にすませたいと思っています。

　どうか私の心中をお察しくださり、誠意をもった対応をしてくださるようお願いいたします。

**Advice**　最近はペットを飼う人が多く、ペットに関する近隣トラブルも増加することが予想される。マンションでは、ペットを飼うことが禁止されていることも多く、注意が必要である。なお、動物愛護管理法では、犬や猫などの動物の所有者は、自分の所有であることを明らかにするために、マイクロチップの装着などの処置をとることが定められている。

## 文例16　部屋から異臭を放っている近隣住人に抗議する

平成○○年○月○日

○○○○様

○○○○

　私は、○○マンションで貴方の部屋の真向いの部屋に住んでいる者ですが、貴方の部屋から生ゴミなどのかなり強い臭いがしてきます。同じフロアの住人の多くも、同じ悩みをもっています。

　よくテレビで、ゴミ屋敷と呼ばれる映像を見ることがありますが、失礼ながら、貴方の部屋はあのような状態になっているのではないかと心配しています。

　同じマンションの住人同士ですので、管理人に話したり、役所へ連絡したりはせず、なるべく穏便にすませたいと思っています。

　どうか私どもの心中をお察しくださり、誠意をもった対応をしてくださるようお願いいたします。

**Advice**　いわゆるゴミ屋敷については、それを明確に禁止する法律、条例がないことから、解決が難しいケースも多い。近隣住民間で解決ができない場合は、行政側に連絡し、相談するのがよいだろう。

## 文例17　朝まで騒いでいる隣の住人に抗議する

平成○○年○月○日

○○○○様

○○○○

　私は、○○マンションで貴方の部屋の隣りに住んでいる者です。週末になると、貴方の部屋に仲間数人が集まり、夜通し麻雀をしているのがわかります。麻雀の牌の音が絶え間なく続き、酔っ払っているのか大声も時々混じります。その夜は朝まで眠れないことがあります。また、朝方には、部屋の前に残飯やスープの残ったカップ麺などが乱雑に置かれ、非常に迷惑しています。

　今後気をつけてもらえればよいのですが、改善が見られない場合には、管理会社や市に相談することを考えています。

　同じマンションの住人同士のことですから、なるべく穏便にすませたいと思っております。どうか私の心中をお察しくださり、誠意をもった対応をしてくださるようお願いいたします。

**Advice**
　話し合いで解決ができない場合には、行政に相談すべきだろう。最終的には、民事保全法に基づき仮処分を申し立てたり、裁判を起こすこともできる。騒音が原因で刑事事件に発展する場合もあるので、早期の解決が望まれる。
　ちなみに、いわゆる「騒音おばさん」事件のように悪質なケースでは、傷害罪が適用されることもある。

## 文例18　隣家にはみ出した枝の切除を要求する要望書

平成○○年○月○日

○○○○様

○○○○

### 要望書

　私は、貴殿が所有する土地（○○県○○市○丁目○番○号）に隣接する土地（○○県○○市○丁目○番○号）の所有者ですが、貴殿の所有地に生育している欅の枝が伸びてまいりまして、私の所有地上に○m近く張り出しております。

　枝が張り出している下は、ちょうど排水溝がある場所になっており、秋になりますと欅の落ち葉で排水溝が埋まってしまいます。そのため、その季節は、毎日落ち葉の掃き出しを行わなければならず、少々難儀しております。そのため、お手数ですが、枝を切っていただけると助かります。どうぞよろしくお願いいたします。

**Advice**　隣家の欅（けやき）などの木の枝が自分の所有地に伸びてきている場合、法律上、隣家の人に切除を請求することができる。ただ、請求する権利があるからといって当然のように請求すると今後の付き合いに支障が生じることがあるので、丁寧にお願いするとよい。

## 文例19　隣家の塀の設置工事中止の申入書

平成○○年○月○日

○○○○様

○○○○

### 工事中止申入書

　平成○○年○月○日、貴殿は自宅の新築工事を開始するにあたり、貴殿の所有地と私の所有地との境界の確認を求めてきました。そこで境界線の元となる杭をお互い確認し、境界線はその杭と杭の延長線となることを確認いたしました。にもかかわらず、先日工事の様子を見に行ったところ、貴殿の塀が私の所有地にまたがって建設されはじめていることに気づきました。
　つきましては、私の土地に越境する塀の建設を直ちに中止されますよう申し入れます。
　なお、直ちに中止されない場合は、法的手段をとるつもりでおりますことも重ねて申し添えます。

**Advice**

　一度塀が建築されてしまうとそのまま押し切られてしまう可能性があるため、早めに対処しなければならない。
　書面には、請求の根拠を明確に記載することが大切である。相手を不必要に刺激しないように丁寧な表現を用いるべきだが、事が事だけに、法的手段を視野に入れていることも記載し、こちらの覚悟を伝えるのがよいだろう。

## 文例20 道路に私物を置いている近隣住人に抗議する

平成○○年○月○日

○○○○様

○○○○

　私は、貴方の御宅の斜向いの○○会社社宅に住んでいる者です。貴方の御宅と私どもの社宅との間にある県道は、ご存知のように公道であり、私物を置くことは禁じられているはずです。

　にもかかわらず、貴方の御宅の前には常に立て看板などが置きっぱなしになっています。県道と言ってもさほど広くはないので、車や自転車などの通行の妨げにもなっています。

　すぐに撤去してもらえればよいのですが、改善が見られない場合には、区に相談することを考えています。

　隣近所の住人同士のことですから、なるべく穏便にすませたいと思っております。どうか私の心中をお察しくださり、誠意をもった対応をしてくださるようお願いいたします。

**Advice**

　道路は公共の場であるため、道路敷地内に私物（のぼり旗、立て看板など）を設置したり、放置することは道路法で禁止されている。
　私物を設置、放置している場合は、すぐに撤去しなければならない。
　話し合いで解決ができない場合には、早急に役所に相談すべきだろう。

## 文例21　迷惑駐車に抗議する

平成〇〇年〇月〇日

〇〇〇〇様

〇〇〇〇

　私は、貴方の御宅の真向いの家に住んでいる者です。貴方の御宅の前には常に夜通し車が縦に2台つなげて停めてあり、私どもでは、もしもの場合、取り返しのつかないことになるのでは、と心配しています。

　と言いますのは、私どもの家には、高齢で寝たきりの母親が同居しており、まさかの場合、救急車を呼ぶことも考えられるからです。

　すぐに撤去してもらえればよいのですが、改善が見られない場合には、警察に通報することを考えています。

　隣近所の住人同士のことですから、なるべく穏便にすませたいと思っております。どうか私の心中をお察しくださり、誠意をもった対応をしてくださるようお願いいたします。

**Advice**　道路を車の車庫代わりに利用することは、自動車の保管場所の確保等に関する法律（いわゆる車庫法）により禁止されている。車庫法は、道路交通法とは違うので、車庫法に違反した場合は、反則金ではなく、いきなり罰金が課されるので注意が必要である。

## 文例22　素行の悪い子供に絶縁状を送る

平成○○年○月○日

○○○○へ

○○○○

### 絶縁状

　私は今まで、おまえのことを考えると、心身の休まる暇がなかった。高校を退学して以降、定職に就かず、ヤミ金から借金を重ね、挙句の果てに、万引きで警察に捕まることもあった。
　今は生活保護を受けていると聞くが、もう、父親としておまえの世話を焼くのは、ほとほとお手上げである。
　金輪際、私を頼りにすることはやめて欲しい。つまり、勘当するということだ。母親なき後、一人息子であったお前の肉親は私のみだったが、今後は、自分一人の力で生きていって欲しい。私の遺産はすべて老人施設に寄付することにするから、当てにしないで欲しい。
　ただ最後に言いたいのは、もう他人に絶対に迷惑をかけるな、ということだ。

**Advice**

　絶縁状の記載は、決意のほどを示すために、強い表現を用いるべきである。
　子や兄弟に絶縁状を送っても、法律上は親子関係や兄弟姉妹関係などが消滅することはない。
　遺産のすべてを他人に贈与しても、子供には、遺留分がある。遺留分とは法律上最低限相続できる割合のことである。たとえば、遺言書で財産のすべてを他人に与えたとしても、子供であれば遺産の2分の1を取り戻すことができる。この取り戻す権利を、遺留分減殺請求権という。

第5章　督促・反論・抗議・絶縁状

## 文例23　お金をせびる親戚に絶縁状を送る

平成○○年○月○日

○○○○へ

○○○○

### 絶縁状

　私は今まで、おまえから、何度金銭の無心をされたかわからない。私は、定年退職後、年金だけを頼りに、細々とした暮らしをいている。これまでは、妹の子であり、肉親は私だけとなってしまったおまえのため、面倒を見てやったが、もう、おまえにやれる金はないと思ってもらいたい。

　おまえも、まだ若いのだから、何でもよいから仕事を探し、世の中のために尽くすことを考えて欲しい。

　繰り返しになるが、金輪際、私を頼りにすることはやめて欲しい。つまり、親戚の縁を切ると言うことだ。これからは自分ひとりで生きていってもらいたい。

**Advice**　絶縁状を送る際には、絶縁をする理由と絶縁する旨を記載する。もし遺産があれば、「もう面倒を見ない」ということを遺言に書くとよい。

## 文例24　借りた金を返さない友人に絶縁状を送る

平成○○年○月○日
○○○○へ
　　　　　　　　　　　　　　　　　　　　○○○○

　私は今まで、君から、何度金銭の無心をされたかわからない。その度に私は、なけなしの貯金の中から、言われただけの金額を貸してきた。しかし、私は、すでに会社を退職し、今は年金をもらいながら、あとはアルバイト代を頼りに生活している。
　君が、身体が弱く、なかなか仕事に就けない事情は知っているし、だからこそ、これまで面倒をみてやってきたのだが、私にはもう限界だ。今後は生活保護を受けるなり、親戚を頼るなりして、何とか生活して欲しい。
　繰り返しになるが、金輪際、私を頼りにすることはやめて欲しい。つまり、友人としての関係を絶つと言うことだ。

**Advice**　友人と絶縁したとしても、友人に対する債権はなくならない。そのため、絶縁する内容に加えて借金の返済を求める内容を記載してもよい。

## 文例25　借主の相続人に対して貸金の返還を請求する

平成○○年○月○日

○○○○様
○○○○様

○○○○

　平成○○年○月○日、私は、亡△△△△氏に金○○○○万円を貸与し、その条件は、利息年○割○分、返済期日は定めなしというものでした。このたび、△△△△氏がご逝去され、貴殿ら2名がその財産を相続されたとの連絡をいただきました。

　つきましては、本書到着から○か月以内に、右債務元本○○万円に加え、平成○○年○月○日から完済まで年○分の割合による利息を、法定相続分に応じてお支払いくださいますようご請求申し上げます。

**Advice**　被相続人（亡くなった人のこと）に借金があることを把握していない相続人（亡くなった人の子や兄弟）もいるため、相続があった場合、請求することが必要である。強引な取立てはできないが、うやむやになってしまわないように貸付けの事実と請求する意思があることを丁寧な表現で記載すべきである。

# 第6章

# お断り状

# 本章のポイント

## ◉ 断る場合には早めに送付すること

相手から依頼や取引上の提案などがあった場合、これを承諾できないときに断り状を送付してこれを断ることができます。

取引先会社や友人や親戚の場合には、今後の付き合いも考えると断りにくいといえます。それでも、無理な依頼は断らなければなりません。

その場合、電話や相手と実際に会って話し合うことになると、相手に説得されたり、情がわいて依頼を受け入れてしまう可能性もあります。

したがって、断る場合には、一方的に意思を伝えることができる断り状を送付するのがもっともよい方法であるといえます。

ただ、断り状は、相手を傷つける書面であるため、書く場合には、十分な注意が必要になります。

## ◉ お断り状の書き方

断り状を書く際には、ただ単に「できません」とか「無理です」と断るのではなく、相手の気持ちを思いやった丁寧な表現を工夫しなければなりません。

まず、依頼されたり提案されたりした案件を断るには、「どうして」できないのかを説明して相手に納得してもらう必要があります。このとき、事実をそのまま説明すれば必ずしもよいわけではなく、時には事を荒立てないように別の口実を見つけて丁重に断らなければならないこともあります。

また、相手の提案などに対してはまず感謝の意を表明し、「残念ながら」「私どもの本意ではないのですが」など、断るのはやむを得ない理由によるのだ、ということを相手にわかってもらうようにします。
　さらに、友人や親戚、取引先などに対しては今後の付き合いも考えて、「次の機会には必ず」など将来につながるような表現を使いましょう。
　最後に、もっとも重要なことは、明確に断る意思を表示することです。相手を思いやることは大切ですが、あいまいな表現で断ると相手を勘違いさせることになります。
　断り状は、その性格から言ってなかなか送り難いものですが、かといって返答を引き伸ばしては事態を悪化させるだけです。断ることが決まった場合は、早めに断り状を送るのがベストでしょう。このようにすることで、無用な誤解を避けることができます。

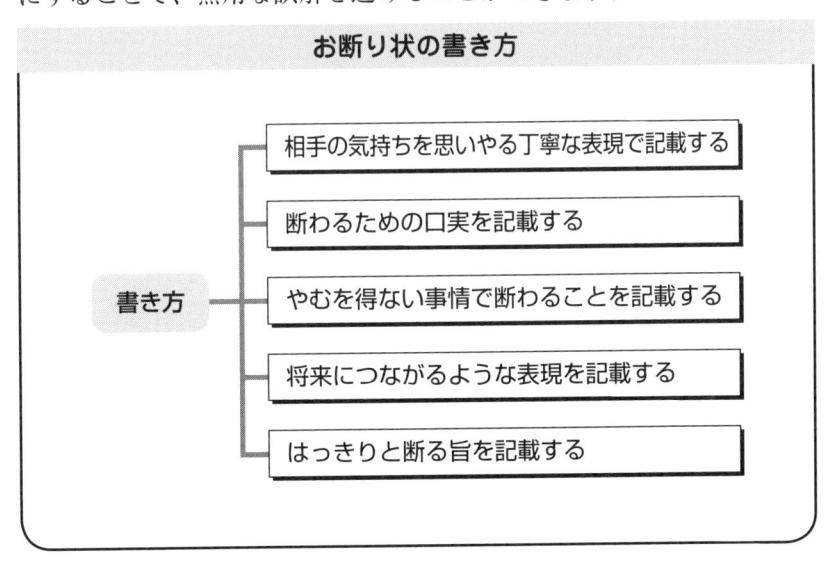

### お断り状の書き方

書き方
- 相手の気持ちを思いやる丁寧な表現で記載する
- 断わるための口実を記載する
- やむを得ない事情で断わることを記載する
- 将来につながるような表現を記載する
- はっきりと断る旨を記載する

## 文例1　子供の認知を断る

平成○○年○月○日

○○○○様

　　　　　　　　　　　　　　　　　　　　　　○○○○

　平成○○年○月○日、貴方より認知請求の通知を受けました。突然のことでひどく戸惑っています。なぜ貴方が認知などと言いだしたのか理由がわかりません。

　そもそも、貴方の通知にあるように子供が生まれた日から起算すると、その頃には、すでに私たちの関係は終わっていたはずです。

　このような言い方は失礼とは思いますが、その子供は私の子供ではありません。そのため、認知については、お断りせざるを得ません。

　以上、とりあえずお返事申し上げます。

**Advice**

　認知とは、結婚をしていない男女から生まれた子供を、父が自分の子供であると認めることをいう。認知された子供は、父の遺産を相続することができる（ただし、結婚している男女から生まれた子供の半分しか遺産を相続できない）。認知は、父が自分の意思で役所に届け出をする任意認知と、裁判によるものがある。

　相手が認知を求めてきた場合には、ことがことだけに相手に対する配慮が必要である。ただ、まったく覚えがないのであれば、はっきりと断ったほうがよい。

## 文例2　娘との結婚を断る

平成○○年○月○日

○○○○様

　　　　　　　　　　　　　　　　　　　　　　　○○○○
　　　　　　　　　　　　　　　　　　　　　　　○○○○

　貴殿からの丁重なお手紙を拝見いたしました。私どもの娘○○との結婚を認めてほしいという内容でした。

　しかるに、現在の貴殿の経済状況を考えると、申し訳ありませんが娘との結婚を認めるわけにはいきません。

　貴殿は、現在、就職もせずアルバイトをしていると聞いています。アルバイトでは、とてもではありませんが、○○を幸せにすることは難しいと思います。特に、○○は病弱で、家計を助けるためにパートなどをすることはできません。貴殿が○○と結婚した場合、○○が負う苦労は目に見えています。

　貴殿の○○に対する思いは本当だと思います。そうであれば、きちんと就職した後に結婚をしても遅くはないと思います。

　そのため、申し訳ありませんが、今回は結婚を認めることはできません。勝手なお願いで申し訳ありませんが、私たちの○○に対する思いも察していただけると幸いです。

**Advice**　お断り状は、多くが相手を傷つけるものなので、表現には気をつけなければならない。断る理由をはっきりさせ、もし断る理由がなくなれば承諾をしてもよいのであれば、そのことも伝えるとよい。

第6章　お断り状

## 文例3　借金の申込みを断る

平成○○年○月○日

○○○○様

　　　　　　　　　　　　　　　　　○○○○

　このたび、貴殿から頂いたお手紙を拝見し、貴殿が経済的に大変苦しい状況にあることがわかりました。その後、状況はどうでしょうか。
　貴殿の状況を理解しているものの、このようなご返事をしなければならないのは大変心苦しいところです。申し訳ありませんが、貴殿のご依頼には添えそうにもありません。
　実は、私の経営する会社も、今回の不況で銀行からの融資を断られ、現在縮小する方向にあります。他の融資先を探していますが、なかなか見つかりません。なんとか融資先が見つかれば、貴殿にいくらかご融資できるのですが、このような状況ですとそれもできません。
　貴殿にはいつもお世話になっているので、お役に立ちたい気持ちはあるのですが、何もできず申し訳なく思っています。
　貴殿の経済状況が回復することを心より願っております。

**Advice**　借金の依頼を断る際には、はっきりと断る。あいまいな返事をしてしまうと相手に期待をさせることになるので、くれぐれも注意する。また、断る際には、必ずお金を貸せない理由を具体的に伝えるとよい。

## 文例4　保証人の依頼を断る

第6章　お断り状

　　　　　　　　　　　　　　　　　　　　　平成○○年○月○日
○○商事株式会社
　常務取締役　○○○○殿
　　　　　　　　　　　　　　　株式会社○○○○
　　　　　　　　　　　　　　　　代表取締役　○○○○　印

　　　　　　　　　保証人ご依頼の件

拝啓
　貴社益々ご清祥のこととお慶び申し上げます。
　さて、過日、ご送付のありました保証人ご依頼の件につきましてご返答いたします。
　日頃ご厚情いただいている貴殿のたってのお申し込みに、何とかご協力したい気持ちでございますが、弊社も現在、不景気の影響を受けて経営難の状態にあり、残念ながらご意思にそうことはできません。心苦しい限りですが、事情をご拝察いただき、お断りすることをご了承くださいますようお願い申し上げます。
　　　　　　　　　　　　　　　　　　　　　　　　　　敬具

**Advice**　保証人といった相手の頼み事を断る場合は、できるだけ心証を悪くしないようにしたい。「断る理由は自分の財力のなさ」というように自分が一歩下がるほうが無難である。

## 文例5　契約更新を断る

平成○○年○月○日

○○株式会社
　課長　○○○○様

○○商事
　　　課長　○○○○　印

　　　　　　契約更新お断りの件

拝啓
　時下益々ご盛栄のこととお慶び申し上げます。
　ご契約更新のお申し込みありがとうございます。しかし、弊社では今後商品の価格を見直すことになり、貴社の商品では弊社店舗の価格帯と異なってきます。そこで、大変申し上げにくいのですが、2月1日以降の契約更新を辞退させていただくことになりました。1年間大変お世話になり、御礼申し上げます。
　取り急ぎご通知まで。

　　　　　　　　　　　　　　　　　　　　　　　　　敬具

**Advice**　契約違反があり、契約を更新しない場合は契約内容を確認し、その他の事情で更新しない場合にはその理由を説明する。また今後も取引することがあるかもしれないので、これまでの取引について、感謝の意を表するとよい。

## 文例6　注文を断る

平成○○年○月○日

○○株式会社
　資材部　○○○○殿

株式会社○○○○
　営業部長　○○○○　印

ご注文の件

拝啓
　貴社におかれましては益々ご清栄のこととお慶び申し上げます。
　弊社の商品△△をご注文いただきまして誠にありがとうございます。しかし、○月○日までは既にたくさんのご注文を頂いており、これ以上の注文は、弊社の生産能力では対応しきれないのが実情でございます。そのため、○月○日に○個納入を希望された貴社のご注文には残念ながら応じることができません。
　つきましては、誠に恐縮ですがご注文をお断りすることとなりました。このような事態になりましたことをお詫びいたします。
　取り急ぎご連絡まで。

敬具

**Advice**　日頃の注文に対しての感謝と注文を断るお詫びをする。また、ただ断るのではなく、注文に対応できない理由を説明して、受け入れてもらえるようにする。

### 文例7　損害賠償の請求を拒否する

平成○○年○月○日

株式会社○○産業御中
　代表取締役　　○○○○

　　　　　　　　　　　　　株式会社○○○機械
　　　　　　　　　　　　　　代表取締役社長　　○○○○

　　　　　　　　　　請求書

拝啓
　師走の候、貴社益々ご隆盛のこととお慶び申し上げます。平素は格別のご高配を賜り、厚くお礼申し上げます。
　さて、貴社からの損害賠償請求書を拝見しました。内容は、平成○○年○月から○月にかけて当社が貴社に対して納入した製品「○○－○○○」に欠陥があり、そのために右製品を部品とする貴社商品「□□□」が欠陥商品になったとのことでした。
　右案件につき、当社で詳細に調査しましたところ、貴社商品「□□□」の欠陥の原因は、○○社部品の電気系統の接続部分に欠陥があるためと判明いたしました。したがいまして、貴社の損害賠償請求については承諾いたしかねますので、本書面においてその旨ご通知させていただきます。
　まずはとり急ぎ、ご回答申し上げます。

　　　　　　　　　　　　　　　　　　　　　　　　　　　敬具

**Advice**
　損害賠償請求がなされた場合、相手方はそれなりに感情的になっているのが通常である。たとえ、客観的に見て相手方の請求に正当性がなくても、こちらも感情的になることは禁物である。
　損害賠償請求の根拠となる事実がないことを、調査を基に論理的に述べるべきである。なお、証拠となる資料がある場合には、添付して送付するとよい。

## 文例8　道路を通行することを断る

平成〇〇年〇月〇日

〇〇〇〇様

〇〇〇〇

拝啓
　厳しい暑さが続いておりますが、その後いかがお過ごしでしょうか。
　さて、私の家の前の私道を利用したいとのことでしたが、大変申し訳ありませんが、ご期待にこたえるのは難しいと思います。
　貴殿は私の私道を自動車で通行したいようですが、私の家には幼い子供が多く、子供たちは私道を遊び場にしております。そのため、遊び道具などが散乱し、とても貴殿の自動車が通行できるような状況にありません。そうかといって、まだ分別のない子供に遊ぶなといっても意味がありません。
　そのため、申し訳ありませんが、子供たちが大きくなるまでは、通行するのはご容赦くださいますよう、お願いいたします。

敬具

**Advice**
　個人が所有する道路を私道といい、所有者は許可なく私道を通行するものがいれば、その者に対して、通行をしないように請求することができる。また、許可を求められた場合でも、断るのは自由である。
　断る際には、断る理由を伝え、今後、承諾することがある場合にはそのことを伝えるとよい。

### 文例9　親戚の子供を預かることを断る

平成○○年○月○日

○○○○様

　　　　　　　　　　　　　　　　　　　　　　○○○○

拝啓
　寒い日が続きますが、いかがお過ごしでしょうか。
　さて、先日、貴殿の○○ちゃんを2日間預かってほしいと頼まれた件ですが、申し訳ありませんが、ご期待に添えそうにありません。
　ちょうど、その日は子供たちの水泳教室の日で、私は一日中子供たちについていなければなりません。そのため、申し訳ありませんが、このたびはお預かりすることはできません。
　もし、今度何かありましたら、是非お受けしたいと思っています。そのときはご遠慮なくおっしゃってください。
　今後ともお付き合いのほどよろしくお願いいたします。
　　　　　　　　　　　　　　　　　　　　　　　　　　敬具

**Advice**　親戚など今後も付き合いのある者からの依頼を断る際には、今回は断ったが、今度頼まれたら引き受ける旨を伝えるとよい。また、末尾には今後ともお付き合いをしていく旨を記載する。

## 文例10　ペットを預かることを断る

　　　　　　　　　　　　　　　　　　　　　平成〇〇年〇月〇日
〇〇〇〇様
　　　　　　　　　　　　　　　　　　　　　　　　〇〇〇〇

拝啓
　寒冷の候、ますます御健勝のこととお慶び申し上げます。
　さて、先日、貴方の飼っている猫を１週間預かってほしいと頼まれた件ですが、申し訳ありませんが、ご期待に添えそうにありません。
　私は、貴方の飼っている猫を預かりたいのですが、私の夫が猫はだめだと言っているのです。夫は、大の猫嫌いで、どうしても受け付けないようなのです。
　そのため、大変申し訳ありませんが、お預かりすることができません。
　他に私にできることがあれば、お役に立ちたいと思っていますので、何卒ご容赦ください。
　　　　　　　　　　　　　　　　　　　　　　　　　　　敬具

**Advice**　ペットを預かることを断る際には、動物アレルギー、動物嫌いなどを理由とするとよい。特に相手が自分の配偶者と親しくないような場合には、配偶者のせいにしてしまうのも手である。

## 文例11 町内会の役員になることを断る

平成〇〇年〇月〇日

〇〇〇〇様

〇〇〇〇

拝啓
　寒冷の候、ますます御健勝のこととお慶び申し上げます。
　さて、先日、貴殿から、私に今期の町内会の役員になってほしいとの電話をいただきましたが、心苦しいお返事を差し上げなければなりません。申し訳ありませんが、役員にはなれそうにありません。
　私ごとではありますが、今期、私は会社の部署がかわり、かなり忙しくなることが予想されます。そのため、役員会の集まりに参加できなくなるようなことがあると、町内会の皆様にご迷惑をかけることになります。
　新しい部署の仕事に慣れれば、役員を引き受けることもできますので、役員の件については来期以降にしていただきたいと思っています。
　今後ともお付き合いのほどよろしくお願いいたします。
　　　　　　　　　　　　　　　　　　　　　　　　　　　敬具

**Advice**　町内会からの依頼などを断る際には、それなりの理由を記載する必要がある。ただ、役員の場合は、引き受け手がないことも多いので、仕事が忙しいなど一般的な理由でもよい。

## 文例12　任意後見人になることを断る

平成〇〇年〇月〇日

〇〇〇〇様

〇〇〇〇

拝啓
　貴下ますますご隆昌のこととお慶び申し上げます。
　さて、この度は〇〇〇〇氏の任意後見人就任のお話をいただき、誠にありがとうございました。
　せっかくのお申し出であり、私としても、〇〇〇〇氏とは旧来の友人ですので、お受けしたい気持ちはあります。しかし、私は、喘息を患っており、いざと言う時に役目を果せないおそれがあるので、就任は遠慮させていただきたいと存じます。
　ところで、私と同様、〇〇〇〇氏と旧知の仲である△△△△氏は、〇〇〇〇氏の信頼も厚く、温厚篤実な人柄の方です。私などより、△△△△氏こそ、〇〇〇〇氏の後見人としてふさわしいと考えます。僭越ながら、△△△△氏を後見人としてご推挙させていただきます。
　以上、誠に勝手ながら、ご賢察の上、悪しからずご了承くださるようお願い申し上げます。

敬具

**Advice**　任意後見契約に関する法律により、成人であれば誰とでも任意後見契約を結ぶことができる。ただし、任意後見契約をする際には、公正証書を作成しなければならない。公正証書とは、公証人という法律知識を備えた者が作成する文書のことで、契約書に比べて強い証明力がある。

## 文例13　会社の共同出資者になることを断る

平成〇〇年〇月〇日

〇〇〇〇様

〇〇〇〇

拝啓

　貴下ますますご隆昌のこととお慶び申し上げます。

　さて、この度は貴殿と共に共同して新会社へ出資を行うというご提案をいただき、誠にありがとうございました。

　さっそく検討させていただきましたが、はなはだ残念ながら今回は貴意に沿いかねる仕儀と相なりました。

　実は、私は、すでに近隣地域内の数社に対して出資を行っており、同一地域内での新規の出資はいたしかねる次第でございます。

　せっかくお話をいただきましたのに、ご希望にお応えすることができず誠に心苦しく存じますが、あしからずご了承のほどお願い申し上げます。

　まずは、お返事まで。

敬具

**Advice**
　会社を設立するには、会社を設立する者（発起人）が株式を引き受ける必要がある。つまり、株式を引き受けるために出資金を支払わなければならない。
　出資金の支払いを断る際には、どのような理由で断るのかを記載し、断ることを謝罪する旨を伝える。

## 文例14　仲人・媒酌人を断る

平成○○年○月○日

○○○○様

　　　　　　　　　　　　　　　　　　　　　○○○○
　　　　　　　　　　　　　　　　　　　　　○○○○

拝啓
　このたびは、ご婚約おめでとうございます。ご婚約の報告を受けて家内ともども大変うれしく思っております。
　また、私たち夫婦に媒酌人の依頼をしていただき、大変うれしく思っております。
　貴殿からのご依頼であれば、何をおいてもお引き受けすべきところですが、当日は仕事でどうしても出席をすることができません。なんとか日程を変えようとしたのですが、半年も前から準備を進めていた案件なので、日程を変えることができませんでした。
　貴殿からのご依頼をお断りするのは、大変心苦しいのですが、今回は辞退させていただきます。
　お二人がお幸せになることを心より願っております。

　　　　　　　　　　　　　　　　　　　　　　　　敬具

**Advice**　仲人・媒酌人を断る際には、まず婚約したことに対する喜びと仲人・媒酌人を依頼されたことへの感謝を表現する。その上で、引き受けることができない理由を記載する。文末には、二人の幸せを願う旨を記載しておくとよい。

## 文例15　来賓を断る

平成○○年○月○日

○○○○様

○○○○

　○○さん、△△さん、このたびはご婚約おめでとうございます。お二人がご婚約する報告を聞いて、大変うれしく思っています。
　また、結婚披露宴に招待していただきまして、心より御礼申し上げます。
　本来であれば、何よりも優先して出席するべきですが、わけあってお断りしなければなりません。
　私ごとですが、当日は会社の重要な会議があり、私がプレゼンテーションをしなければならないのです。そのため、大変申し訳ありませんが、結婚披露宴には出席することができません。
　ただ、結婚披露宴に出席はできなくても、お二人の門出は祝しております。
　このたびは本当におめでとうございます。

**Advice**　来賓を断る際には、結婚披露宴に招かれたことに対する感謝の気持ちを表現した上で、断りの記載をする。また、出席はできないが、祝する気持ちがあることを表現するとよい。

# 第7章

# 進退伺い・始末書

# 本章のポイント

## ● 身の振り方を問う書面

　進退伺いや始末書は、一般に、不祥事を起こしたため会社に提出するものです。どちらも、自分の不始末を反省し、会社に今後の身の振り方を問うものです。

　進退伺いは、仕事上で、会社に損害を与えるなどの不祥事を起こしてしまった場合、辞職して責任をとるかどうかを、会社の判断に委ねるために提出する書類です。不祥事を起こしてしまったことを会社に対して謝罪し、処分を仰ぐことを目的としています。

　個人の不祥事に加え、管理者の管理不行き届きも含まれます。実際には、上位の管理者が部下の不祥事の責任を負って、進退伺いを提出すケースが多くなっているようです。

　辞職して自らが責任をとることを表明するため、進退伺いを提出する際には、辞職届も一緒に出すのが一般的です。ただし、進退伺いは、最終的な決定を会社にまかせるため、辞職届とは似て異なる書類です。

　不祥事が起こってからすぐに提出すると、無責任だと思われてしまいますし、時間が経ちすぎてから提出するのも自然ではありません。提出する時期には気を配る必要があります。

　なお、辞職届に似た書面に退職届があります。一般に、辞職届は、不始末を起こしたような場合に自ら責任をとって辞めるときに提出するものです。一方、退職届とは、個人的な理由で会社を辞めるときに提出するものです。

　進退伺いは、謝罪の気持ちを表すだけでなく、不祥事の責任をすべて自分が引き受けるという覚悟を持って書くことが大事です。

文頭には、不祥事の原因や経緯を簡潔に書きます。ただし、あまり詳細な状況説明をすると、かえって言い訳とみなされてしまう可能性があります。状況については、簡潔な説明だけにして、謝罪の部分に重点を置きます。「辞職して責任をとる」という意思を明確に記入し、あとは「会社の意向をお伺いする」といったような、指示を仰ぐ文章を入れることが大事です。

## ● 始末書とはどのような文書なのか

　始末書はビジネスにおいて、自社の従業員が何かミスを犯したときや、取引先の会社に不都合を生じさせたときなどに書く書類です。

　「謝罪を表明し、二度と同じミスを繰り返さない」と誓わせることが始末書の目的です。基本的には、自発的に書くのではなく、先方の要求に応じて書くようになっています。

　始末書には、社内文書と社外文書があります。社内文書は、社員が規則に基づき、上司からの指示を受けて作成します。社員自らの不始末による場合だけでなく、役職者であれば、自らの監督不行き届きによる責任を問われることもあります。

　一方、社外文書は一社員が不祥事を起こした場合でも、会社名で取引先の会社に提出されるのが一般的です。

　始末書には「ミスの原因、経緯」「迷惑をかけてしまったことに対する謝罪」「二度とミスをしないという誓約」などを書きます。謝罪の気持ちを十分に表現し、誠意を相手に伝えることが大事です。

　しかし、実際の始末書はビジネスの現場で提出されるものがほとんどなので、必要以上の謝罪はかえってよくありません。ミスの原因、経緯といった事実関係をしっかり書くことの方が大事なのです。

　特に社外文書では、事実関係の説明に重点が置かれます。不祥事の原因特定や補償の有無が決まっていない状態で提出するのか、補償を前提に提出するのかによって、説明の詳しさも変わってきます。

## 文例1　交通事故を起こしたことの始末書を書く

平成○○年○月○日

総務部長　○○○○殿

資材管理部　○○○○

### 始末書

　私は、去る平成○年○月○日午後○時○分頃、得意先回りのため社用車（○号車）にて県道○号線○○交差点附近を走行中、車輛事故を起こしました。この事故の原因は、私の前方不注意にあります。相手車輛と共に会社にも多大なる損害を生じさせてしまいましたことを、深くお詫び申し上げます。

　今後、自動車を運転する時には常に事故のことを思い出し、二度と同じ過ちを繰り返さないよう細心の注意を払うことをここに誓います。

　なお、損害賠償および私の処遇につきましては会社の決定に従います。

以上

**Advice**　事故の詳細については事故報告書など別紙に詳しく書き、始末書では概要だけを書くようにする。概要といっても、「いつ、どこで、誰が、なぜ、どのように」という要点はおさえなければならない。始末書の提出については会社ごとに規定があっても作成の際には自ら進んで提出した、という文面を心がける。

**文例2** 部下の不祥事についての始末書を書く

平成○○年○月○日

代表取締役　○○○○殿

経理課長　○○○○

始末書

　先般、別紙報告書により報告いたしました通り、当課課員△△△△が不正経理をしていたことは、私の監督不行き届きが原因であったと深く反省しております。会社に多大な損害を与えたことに対し、心よりお詫び申し上げます。

　今後は部下に対する管理を徹底しますと共に、二度とこのような事態を起こさないよう仕事に邁進することをここに誓います。

以上

**Advice**　部下の不祥事は上司の責任となる。このため、当事者だけでなく上司も始末書を提出する必要がある。二度と失敗を犯さないという固い意志を表すため、事実をそのまま認めて謝罪する文面を作成する。

## 文例3　会社に多大な損害を与えたことの始末書を書く

平成○○年○月○日

代表取締役社長　○○○○殿

プログラム開発部　○○○○

始末書

　このたび、私の開発した給与システムの欠陥により取引先および会社に対して下記のような多大な損害を与えてしまいました。このことは私にとって痛恨の極みであり、深く反省すると共に心よりお詫び申し上げます。今後は、同じ失敗を繰り返さないよう十分に注意いたします。また、損害賠償をはじめ、私の処遇に関しましては会社の決定に従わせていただきます。

記

1．給与額の計算ミスにより差額を再振込した際の手数料
　　計35万円
2．システム修正にかかる費用　SE1.5人／月 PG 2人／月
　　計120万円

以上

**Advice**　ミスにより会社に実際の損害を与えた場合、その経緯や理由などを報告する事故報告書などとは別に、始末書によって反省と謝罪の意思を表す。この場合、誠意を示すために言い訳はしないようにする。また、損害賠償や処罰などについては会社の指示に従うことを明記しておく。

## 文例4　納入時に商品を破損したことの始末書を書く

平成〇年〇月〇日

商品管理部部長　〇〇〇〇殿

〇〇商品係　〇〇〇〇

始末書

　私は平成〇〇年〇月〇日、株式会社〇〇への商品納入作業時に、不注意から商品を取り落とし、「〇〇〇」の本体部分5台分を破損しました。

　細心の注意を払って作業すべきであったにもかかわらず、このような不始末を起こしましたことは、痛恨の極みであり、深く反省しております。まずは、心よりお詫び申し上げます。

　今後は、二度とこのような事態を起こさないよう、慎重に慎重を重ねて作業することを固く誓います。誠に申し訳ございませんでした。

以上

**Advice**
　始末書では、事故の経緯などの説明よりも反省と謝罪の意を表すことが中心となる。事故の詳細については、「事故報告書」や「理由書」、「顚末書」などを使用する。
　始末書は、失敗の事実を正確に報告すると共に、心からの反省を上司に示すことを念頭に置いて書く。お詫びの意味があるので、文体は敬語を使い、丁寧に書く。一般に、ワープロ打ちよりも手書きの文書のほうが誠意を感じてもらえる。

## 文例5　新年会で暴れたことの始末書を書く

　　　　　　　　　　　　　　　　　　　　　平成○○年○月○日
代表取締役　　○○○○様
　　　　　　　　　　　　　　　　　　　　営業部　　○○○○

始末書

　私は、平成○○年○月○日に開かれた我が社の新年会において、酔った勢いで、新年会会場にあったテーブルを倒してしまいました。

　いくら酔っていたとはいえ、このような不始末をおこしてしまったことは、あまりに情けなく、反省してもしきれるものではありません。

　また、新年会といえど、会社の業務であることにはかわりなく、節度をわきまえずに飲んでしまったのは社員としての自覚が足りないというしかありません。大変申し訳ありませんでした。

　今後は、二度とこのような粗相をおかすことのないよう、節度をもって仕事に邁進することを誓います。誠に申し訳ありませんでした。

　　　　　　　　　　　　　　　　　　　　　　　　　　以上

**Advice**　新年会などお酒の席とはいっても会社の業務にはかわりない。多少の粗相であれば、多めに見てもらえるので始末書を作成する必要はない。ただ、酔ったとはいえ、周囲に多大な迷惑をかけた場合には、謝罪し、仕事に邁進することを誓う文書を作成する。

**文例6** 納期が遅れた理由を説明するために顛末書を書く

平成○○年○月○日

○○商品管理部長殿

生鮮食品課　○○○○

## 顛末書

このたび、当社レトルト食品（商品番号 WHR22301）の納品が大幅に遅れた件につきまして、下記の通りご説明いたします。

記

1　商品製造のため、○月○日に生産者の○○農場にキャベツ3000箱の納品を求めていたが、○月○日、先般の台風襲来で畑全体が被害を受け、納品ができないとの連絡があった。
2　すぐに近隣の生産地をあたったが数量を確保できず、遠方の生産地まで範囲を広げた結果、予定数量を確保するに至ったのが○月○日になった。
3　キャベツ納品の遅れがレトルト食品生産にも影響し、納品が10日間遅れるに至った。

以上

**Advice**　会社の業務において、納期が遅れることは取引先の信頼を失いかねない重大な事態である。会社としては正確な理由を把握することでその後の対処を決めなければならないので、事実を正確に調査し、記載するようにする。

### 文例7　火災事故を報告するために事故報告書を書く

火災事故報告書

平成○○年○月○日
営業部長　○○○○

1　事故内容

　去る○月○日15時ごろ、当社○○営業所管轄の○○倉庫において火災が発生し、○平方メートルを全焼した。消防署の調査によると、火災原因は電気配線のショートと見られる。

2　火災による損失状況

　この火災により、発生した損害は別紙の通り。

3　対応

　被害建物及び商品の損失分については、火災保険（○○損害保険相互会社）より全額補償を受けられる予定。倉庫再建は、○月着工を予定している。在庫の損失により、納品できなかった取引先については全国の倉庫より在庫を分配し、○月○日までにすべて納品を完了した。各取引先には営業課員が謝罪に訪問済み。

4　今後の対策

　火元管理者を1名から2名に増やすとともに、全職員に研修を義務付け、再発防止に努める。

以上

**Advice**　何らかの事故が発生した場合、発生日時や事故内容、発生の状況、原因、損害の状況、その後の対処、今後の対策などを明確にした報告書を作成する。事故対処について上司の指示が必要な場合は、迅速に書面をまとめる。

## 文例8　飲酒運転で事故を起こしたので進退を伺う

平成○○年○月○日

代表取締役社長　　○○○○殿

営業部営業3課　　○○○○

### 進退伺

　私は、去る平成○○年○月○日○時○分頃、追突事故を起こしました。事故の原因は、私の飲酒運転でした。相手の方は全治1週間の頸椎ねんざと診断され、現在治療中です。この事故により、相手の方はもちろん、会社にも多大なるご迷惑をおかけすることとなってしまいましたことは、大変申し訳なくお詫びの言葉もございません。

　この上は、どのような処分も謹んでお受けする覚悟でおりますので、ご決裁のほどよろしくお願い申し上げます。

以上

**Advice**　飲酒など法令違反を犯して起こした事故では、所属する会社にも迷惑をかけることが多々ある。このような場合は、会社から処分が下ることを認識した上で進退伺を出すこともある。内容は、事故の概略、反省・謝罪の意、処分を受け入れるという意思表示などである。特に、誠意の伝わる文章を心がけること。

## 文例9　セクハラで訴えられたので進退を伺う

平成○○年○月○日

人事部長　○○○○様

総務部　○○○○

### 進退伺

　平成○○年○月○日、私は、部下である総務部の○○○○からセクシュアル・ハラスメントに基づく損害賠償請求の訴えを裁判所に提起されました。

　私自身は、まったくの事実無根と思っており、裁判で自らの潔白を主張していく所存であります。ただ、会社も被告とされており、会社に迷惑をおかけしていることは事実です。誠に申し訳ありません。

　このような事態になったことは、私の不徳のいたすところであります。

　つきましては、辞職をもって責任をとる所存でございます。ここに辞職届を同封いたしましたので、ご裁決をくださいますようよろしくお願い申し上げます。

以上

**Advice**　被害者がセクシュアル・ハラスメントで訴える場合には、セクシュアル・ハラスメントをした本人だけでなく、会社も同時に訴える場合がある。裁判中であれば、セクハラをしたかどうかの真偽はまだ判断されていないが、会社に迷惑をかけたことは事実なので進退伺を提出し、会社に判断を仰ぐことになる。

## 文例10　暴行事件を起こしたので進退を伺う

平成○○年○月○日

人事部長　○○○○様

総務部　○○○○

進退伺

　平成○○年○月○日、私は○○町の○○店で飲食中、隣の席で飲食をしていた○○○○氏とケンカになり、○○署に暴行容疑で逮捕されました。

　警察からは厳重注意ですんだものの、会社には多大なるご迷惑をおかけすることとなりました。誠に申し訳なく思っております。

　このような事件を引き起こしてしまったことは、私の未熟さが原因と思っております。

　このようなことをしでかしてしまった上は、どのような処分でも謹んでお受けする覚悟でおりますので、ご裁決のほどよろしくお願い申し上げます。

以上

**Advice**

暴行事件のような刑事事件を犯した場合、会社の信用を害したとして会社から懲戒処分を受ける可能性がある。そのため、会社が行うであろう処分を踏まえた上で進退伺を出すことがある。

申し開きができない場合には、謝罪の意を伝え、会社の処分を待つという意思表示をするとよい。

第7章　進退伺い・始末書

## 文例11 ちかんで捕まったので進退を伺う

平成○○年○月○日

総務部長　○○○○様

総務部　○○○○

### 進退伺

　私は、平成○○年○月○日○時○分○○線車内で行ったちかん容疑で逮捕されました。このことにより、相手の女性にはもちろん、会社にも多大なご迷惑をおかけしました。誠に申し訳なく、深くお詫び申し上げます。

　現在は保釈中であり、今後の裁判で判決が下ることとなりますが、このような事件を犯したからには裁判を待たずに、処分をお受けする覚悟でございます。

　いかなる処分でも謹んでお受けいたしますので、ご裁決のほどよろしくお願い申し上げます。

以上

**Advice**
　ちかん容疑で逮捕された場合、仮に無罪を主張して裁判中であっても、多くは会社を辞職するか、会社から懲戒処分を受けるようである。
　ただ、会社が処分をするかどうかは、会社しだいともいえるので、進退伺を出して、会社の判断を待つのもよい。

### 文例12 破産をしたので進退を伺う

平成〇〇年〇月〇日

代表取締役　〇〇〇〇様

融資事業部部長　〇〇〇〇

進退伺

　私は平成〇〇年〇月〇日、〇〇裁判所に破産の申立てを行いました。融資担当の部長である私が破産したことが、どれほど会社の信用を貶めたのかを考えると、慙愧の念に耐えません。大変申し訳ありませんでした。心よりお詫び申し上げます。

　私としましては、このまま融資業務を行うことはもとより、会社に残ることも難しいのではないかと考えております。

　つきましては、会社を辞職することをもって責任を負う次第であります。辞職願を同封いたしますのでご裁決のほどよろしくお願い申し上げます。

以上

**Advice**
　取締役など会社役員が破産した場合には、会社役員を辞めなければならないが、一般の社員が破産したとしても会社を辞める必要はない。
　ただ、破産した者が与信管理担当や融資担当であった場合、破産をした噂が広まり、会社の信用を下げることがある。そのため、進退伺を出すことがある。しかし、よほどのことがない限りは、進退伺を出す必要はないといえる。

## 文例13　一身上の都合による退職届

　　　　　　　　　　　　　　　　　　　　　　平成〇〇年〇月〇日

株式会社〇〇企画
　代表取締役　〇〇〇〇様

　　　　　　　　　　　　　　　　　　　　営業部　〇〇〇〇

　　　　　　　　　　　　退職届

　このたび一身上の都合により、来る平成〇〇年〇月〇日をもって退職させていただきたく、お届け申し上げます。

　　　　　　　　　　　　　　　　　　　　　　　　　　以上

**Advice**

　一般には、退職届は退職する日の2週間前までに提出する。ただ、会社にも都合があるので、1か月以上前に知らせておくとよい。
　就業規則（賃金や退職など労働条件を定めた規則）に退職についての規定があれば、それに従う。たとえば、就業規則に、退職届は退職する日の1か月前までに提出するとあれば、1か月までに退職届を提出することになる。
　退職届の書き方については、通常は、退職する理由を詳細に記載することはせず、一身上の都合と記載する。

## 文例14　理由を記載した退職届

　　　　　　　　　　　　　　　　　　　　平成〇〇年〇月〇日
株式会社〇〇フード
　代表取締役　〇〇〇〇様
　　　　　　　　　　　　　　　　　　工場長　　〇〇〇〇

　　　　　　　　　退職届

　このたび、平成〇〇年〇月〇日をもって、退職させていただきたく、お届け申し上げます。本来であれば、定年まで、株式会社〇〇フードで働きたかったのですが、現在の利益至上主義の経営にはついていけません。確かに会社は営利が目的ですから、利益を求めることは否定しません。しかしながら、我々は食に携わる仕事をしています。利益よりも大切なものがあると思います。株式会社〇〇フードが消費者に愛される会社になることを望んでおります。
　今まで本当にお世話になりました。
　　　　　　　　　　　　　　　　　　　　　　　　　　以上

**Advice**　一般に、退職届は、一身上の都合を理由とすればよい。ただ、どうしても最後に言っておきたいことがあれば、そのことを記載するのもよい。ただ、その際には、不満を述べるだけの文面とならないように注意する。

## 文例15 社長への諫言書

平成○○年○月○日

株式会社○○
代表取締役　○○○○様

有志一同　○○○○

### 諫言書

　このたび、我々は株式会社○○の将来のため、代表取締役である○○○○様にご忠告をしたいと思います。○○○○様には、我々の忠告を真摯に受け止めていただき、今後の経営に生かしてもらうことを心よりお願いする次第であります。
　さて、この数年、○○○○様は会社を私物化しております。取締役が自分しかいないことをいいことに、自分の借金のために会社の不動産に抵当権をつけたり、会社の手形を切ったりしています。また、会社の株式を借金の代わりに、他人に譲るのではないかという噂も流れています。
　これらの話は、社内だけでなく、取引先にも知れ渡っています。このままでは我が社の信用は下がり、近い将来倒産する可能性もあります。
　今後は、考えをあらため、会社のことを第一に考えていただくようお願い申し上げます。また、できるだけ早く抵当権を抹消し、手形を回収していただくことを望みます。なお、株式は他人には絶対にお譲りにならないでください。このような諫言をするのも会社のためを思ってのことです。どうか我々の心情を察してください。

**Advice**　経営者に忠告をする場合には、経営者にどうしてもらいたいのかをはっきりと記載する。忠告に際しては、会社のためであることを強調するとよい。

# 第8章

# お願い事・依頼文

# 本章のポイント

## ◉ 相手に好印象を与えること

　お願い事・依頼文とは、相手に自分が望んでいることを伝え、その内容を理解してもらい、相手に何らかの行動をとってもらう、認めてもらうための文書です。

　お願い事・依頼は、書面にして送るより、電話や直接会って頼んだほうが、相手を説得できる可能性が高いといえます。ただ、相手と口論になってケンカをしてしまう可能性も否定できません。また、逆に相手に説得されてしまうこともあります。

　その点、書面にして送付すれば、相手とケンカになることも、説得される可能性も低いといえます。特に、書面で送られると、こちらの真剣さも伝わり、相手も熟慮してくれます。

　お願い事・依頼文は、相手に何らかの行動を期待して送るものですから、まず、相手に好感を与えるものでなければなりません。自分の困っている状況をわかりやすく説明し、そのような状態なら手伝ってあげよう、認めてあげよう、という気持ちを相手に起こさせなければなりません。

## ◉ お願い事・依頼文の書き方

　お願い事・依頼文は、相手に手間をかけるものですから、謙った文章になります。

　ただ、謙るとはいっても、お願いすること、依頼することは、はっきりと伝えなければなりません。

　そのため、お願い事・依頼文には、以下の内容を丁寧に記載するこ

とになります。
① 相手に何をしてほしいのか、何を認めてほしいのか
② どうして相手にその依頼をする必要があるのか（経緯と背景のわかりやすい説明）
③ いつまでにその依頼を実行してほしいのか、認めてほしいのか
④ その依頼を実行することによって相手にメリットをもたらす場合は、その具体的な内容

お願い事・依頼文は、時として相手にあまり気のすすまない行動を強いることにもなりかねません。有無を言わさずに頼みごとをするのではなく、「もしできるようでしたら」「こんなことをお願いするのは大変心苦しいのですが、他にお願いする方がいないものですから」などの言葉を添えて、礼を尽くす必要があります。

なお、お願い事・依頼文を送付した場合でも、相手との関係が険悪になる可能性はあります。特に、相手が友人や親戚の場合には今後の付き合いを考えるべきです。そのため、相手が「これはとても引き受けられない」と思った場合に断りやすいような余韻を残した文章を書くことも大事です。

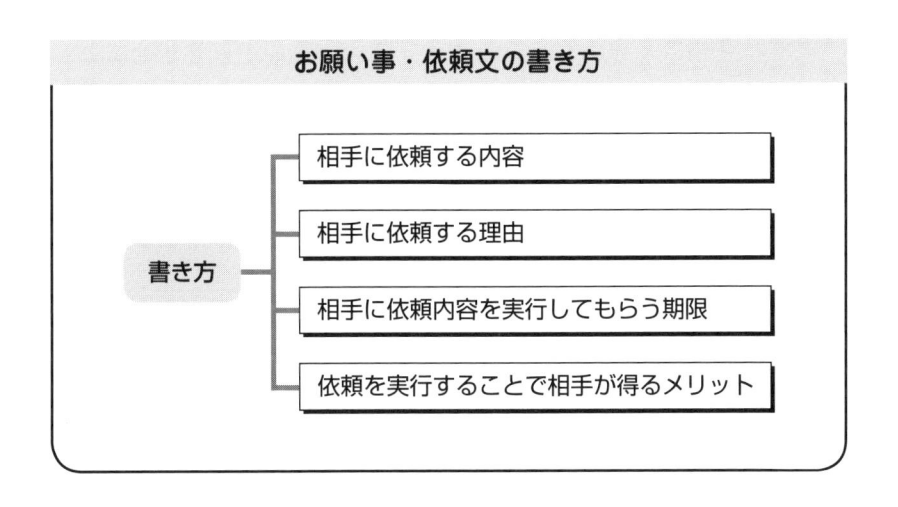

**お願い事・依頼文の書き方**

書き方
- 相手に依頼する内容
- 相手に依頼する理由
- 相手に依頼内容を実行してもらう期限
- 依頼を実行することで相手が得るメリット

## 文例1　宗教団体を退会する

　　　　　　　　　　　　　　　　　　　　　平成〇〇年〇月〇日
事務局長　　〇〇〇〇様
　　　　　　　　　　　　　　　　　　　　　　　　〇〇〇〇

　　　　　　　　　　　　退会届

　私は、平成〇〇年〇月〇日に、〇〇教に入会し、現在まで〇〇教の教えを守り、布教活動をしてまいりました。〇〇教の教えは、これまで私の心の支えであり、〇〇教のおかげでこれまでやってこれたと思っています。
　しかし、近年、報道などを通して、〇〇教が行っていることが単なるお布施集めにすぎないことを知りました。〇〇教では否定をしておりますが、私自身、思い当たることがいくつかあります。そのため、最近では、〇〇教の教えが信じられなくなっています。
　事の真相はともかく、このような疑念が私の中に芽生えてしまったからには、もはや〇〇教の教えを信奉することはできません。
　ですから、大変申し訳ありませんが、本日をもって退会させていただきます。

**Advice**　宗教団体の退会をする際には、退会届を提出するのが一般的である。ただ、実際には、退会届を受け取ってもらえないことが多い。そのため、場合によっては、内容証明郵便（27ページ）に退会理由を記載し、送付する必要がある。

## 文例2　労働組合を退会する

平成○○年○月○日

事務局長　○○○○様

○○○○

### 退会届

　私は、これまで○○労働組合で活動してまいりましたが、近年、体調がすぐれないこともあり、組合活動もままなりません。私としましては、このまま活動を続け、組合に迷惑をかけることは避けたいと思っています。
　そのため、平成○○年○月○日限りで○○労働組合を退会させていただきます。

**Advice**

　労働組合は自由に脱退することができる。争議中であっても脱退することができ、また、脱退の際に、執行委員会などの承認も必要ない。つまり、一方的に脱退することが可能である。
　脱退する際には、特に理由などを記載せず、一身上の都合であることを記載しておけば足りる。

## 文例3　借金の申込みを依頼する

　　　　　　　　　　　　　　　　　　　　平成〇〇年〇月〇日
〇〇〇〇様
　　　　　　　　　　　　　　　　　　　　　　　　　〇〇〇〇

拝啓
　ますます御健勝のこととお慶び申し上げます。
　暮れのお忙しい中、このような手紙を貴殿に送ることをお許しください。
　実は昨年の〇月に、私が勤めていた会社が倒産いたしました。その後、再就職先を探したのですが、年齢のこともあり、現在にいたっても就職先が見つかっておりません。そのため、この一年間、働くこともできず、ついに蓄えも尽きてしまいました。
　つきましては、大変恐縮ではありますが、金〇〇万円をご都合していただくことはできないものでしょうか。私には貴殿の他に頼れる相手はおりません。また、正直に申し上げますが、返済できるあてもありません。
　無理なお願いであり、貴殿にご迷惑をかけることは重々承知しておりますが、どうか事情を察していただきますようお願いいたします。

　　　　　　　　　　　　　　　　　　　　　　　　　　敬具

**Advice**　借金の申込みをする際には、借金の申込みをしなければならなくなった事情を伝え、相手から借金をしなければ困窮してしまうことを訴える。できることなら、返済期日を伝え、利息をつけて返すことを約束するのがベストだが、返すあてがない場合には、素直に言ったほうがよい場合もある。

## 文例4　借金の支払いの延長を依頼する

平成○○年○月○日

○○○○様

○○○○

拝啓

　寒冷の候、ますます御健勝のこととお慶び申し上げます。

　暮れのお忙しい中、このような手紙を貴殿に送ることをお許しください。

　平成○○年○月○日、私は貴殿より金○○万円をお借りしました。返済期日は平成○○年△月△日ですが、不況の影響でボーナスが全額カットされてしまったため、その日までにお返しできそうにありません。深くお詫び申し上げます。

　つきましては、誠に勝手ではありますが、平成○○年□月□日まで延長していただくということでご承知していただけないでしょうか。その期日であれば、必ず返済することができます。

　無理なお願いとは存じますが、何卒ご配慮くださいますようお願い申し上げます。

敬具

**Advice**
借金を返済することができないことが確実になった場合には、返済期日を待たずに返済期日前に相手に伝えるとよい。
　書面には、返済期日を延長してもらう理由と、いつ支払うのかを記載する。

## 文例5　保証人の依頼をする

平成○○年○月○日

○○○○様

○○○○

拝啓
　寒冷の候、ますます御健勝のこととお慶び申し上げます。
　このようなお願いをしなければならないことをお許しください。不況の影響で我が社の受注も減りつづけ、銀行からの貸し渋りも続いています。それでも、なんとか新しい融資先を見つけ、融資をしてもらう運びとなりました。
　ただ、融資条件として保証人をつけることを要求されました。この融資先を逃してしまうと我が社は潰れることは必至です。そのため、大変ご面倒ではありますが、保証人になっていただけないでしょうか。
　突然の連絡でこのようなお願いをすることは大変心苦しい限りですが、どうかお願いいたします。決してご迷惑をかけることはございません。何卒お願い申し上げます。

敬具

**Advice**　保証人の依頼をする場合には、保証人になってもらう理由と迷惑をかけないことを記載する。誰でも保証人になることは嫌がるものである。そのため、無理にお願いすると、相手は不快になり断る可能性が高くなる。あくまでこちらの窮状を訴え、相手の判断を待つほうがよい。

## 文例6　ホステスに約束した土地の贈与を取りやめる

　　　　　　　　　　　　　　　　　　　　　　　平成○○年○月○日
○○○○様
　　　　　　　　　　　　　　　　　　　　　　　　　　○○○○

拝啓
　ますます御健勝のこととお慶び申し上げます。
　私は、平成○○年○月○日に、○○店で、貴殿に対して私が所有している土地（○○県○○市○○町○丁目○番○号）を贈与することを約束しました。
　しかし、あのときは酒に酔っていたこともあり、本気ではなかったのです。
　そのため、大変言い難いのですが、土地を贈与するという話はなかったことにしていただきたいと思っております。私の軽率な言葉が、貴殿に期待を抱かせてしまったのならお詫び申し上げます。大変申し訳ありませんでした。
　なお、今回のことで貴殿の店への通いをやめることはありませんので、今後ともよろしくお願い申し上げます。
　　　　　　　　　　　　　　　　　　　　　　　　　　　敬具

**Advice**
　法律上、口約束だけでなされた贈与（相手に物を与えること）は撤回（贈与をやめること）することができるが、すでに物などを与えていた場合には撤回できない。なお、書面で贈与の約束をしていた場合には、撤回をすることはできない。ただ、相手が贈与についてウソだと気づいていた場合には、その贈与は無効（はじめから贈与されていなかった）になる。
　贈与を撤回する場合は、早めにそのことを相手に伝える。また、贈与の撤回が法律で認められているとしても、相手に期待を抱かせてしまったのだから謝罪は必要である。

第8章　お願い事・依頼文

## 文例7　祖母の面倒を依頼する

平成〇〇年〇月〇日

〇〇〇〇様

〇〇〇〇

拝啓

　平成〇〇年〇月〇日に、夫の父親の手術があり、家族一同、〇〇県に行かなければなりません。そのため、家に祖母を置いていくことになりますが、祖母をひとり残していくのは不安でなりません。

　ボランティアや近所の人にも頼もうと考えたのですが、気心の知れた貴方のほうが祖母も私たちも安心できます。

　そこで、急なお願いで申し訳ないのですが、平成〇〇年〇月〇日に我が家に来ていただけないでしょうか。

　ご多忙のところ、まことに恐縮ですが、よろしくお願いいたします。

敬具

**Advice**
祖母の面倒を見てもらわなければならなくなった理由を記載する。また、面倒を見てもらう人物として、なぜ選んだのかを記載するとよい。その際には、選んだ理由として、相手が信頼できる人物であることを強調するとよい。

## 文例8　息子に同居をお願いする

第8章　お願い事・依頼文

平成○○年○月○日

○○○○様

　　　　　　　　　　　　　　　○○○○

拝啓
　元気でやっているでしょうか。
　このようなお願いをするのは気が引けるのですか、恥を偲んでこの手紙をしたためました。貴方も知っているように、私はこれまでひとりでどうにか暮らしてきました。しかし、年には勝てず最近では買い物に行くのもひと苦労です。近所の方やボランティアの方に手助けをしてもらい、なんとかやっていますが、限界にきています。
　そのため、申し訳ありませんが、同居をお願いしたいのです。以前に貴方から同居の提案をもちかけられたとき、私は断ってしまいました。何をいまさらと思われるかも知れませんが、どうかお願いいたします。

　　　　　　　　　　　　　　　　　　　　　敬具

**Advice**　たとえ自分の子供であっても、礼をつくした表現にする。同居の理由はくどくなく、簡潔に記載したほうがよい。子供だから同居は当然だというような表現はさける。

## 文例9 養子になってくれることをお願いする

平成○○年○月○日

○○○○様

○○○○
○○○○

拝啓

　時下ますますご清祥の段、お慶び申し上げます。

　すでにお聞きになっていることとは存じますが、貴殿に私どもの養子になっていただきたいのです。私どもは子供もなく、このままでは、江戸時代から代々続いた○○家の家系が途絶えてしまいます。

　このような考えが古いことは、重々承知しておりますが、私どもの代で○○家の家系を途絶えさせるわけにはいきません。

　そのため、貴殿のような優秀な方を、ぜひ我が家に迎えたいのです。

　誠に勝手なお願いであり、貴殿には、ご迷惑をかけることになりますが、何卒、私どもの養子になっていただくよう切にお願い申し上げます。

敬具

**Advice**　養子をもらう場合には、相手と養子縁組をする必要がある。養子縁組が成立するためには、当事者たちが親子になろうと思うことと役所への届出が必要になる。そのため、養子になる者には、あらかじめ養子になってくれるように頼まなければならない。養子になってくれるように依頼する書面には、養子にする理由を記載する必要はあるが、養子であれば誰でもよいといった印象を養子に与えないようにする。

## 文例10 横領したことを警察に通報しないように会社にお願いする

　　　　　　　　　　　　　　　　　　　　平成〇〇年〇月〇日

代表取締役　〇〇〇〇様

　　　　　　　　　　　　　　　　　　経理部　〇〇〇〇

　私は、平成〇〇年〇月〇日から平成〇〇年〇月〇日まで、経理の職にありました。その間、住宅ローンなど生活費にあてるために会社のお金を横領しておりました。大変申し訳なくお詫びの言葉もございません。

　この上は、どのような処分であろうと甘んじて受けるつもりでおります。また、横領した金〇〇〇万円は必ずお返しいたします。

　ただ、このようなお願いをするのは、大変心苦しいのですが、どうか警察には横領をしたことを届けないでほしいのです。私には妻と小学生の子供がおります。私が捕まってしまうと、家族が路頭に迷うことになります。

　勝手なお願いとは重々承知しておりますが、何卒事情をお汲み取りいただき、ご承知くださいますようお願い申し上げます。

**Advice**

　横領とは、自分の手元にある他人のものを盗むことをいう。横領罪で捕まった場合には、5年以下の懲役（刑務所で作業をすること）に処せられることがある。
　また、経理担当者などが保管している会社のお金を横領することを業務上横領といい、この場合には10年以下の懲役に処せられることがある。
　横領した金銭を返済する旨は必ず記載する。横領した事情がやむにやまれぬものである場合には理由を記載するとよい。

第8章　お願い事・依頼文

## 文例11　ケガをさせた相手に警察に告げないようにお願いする

平成〇〇年〇月〇日

〇〇〇〇様

〇〇〇〇

　平成〇〇年〇月〇日、私は〇〇町の〇〇店で貴殿と口論となり、貴殿の顔と胸を殴ってしまいました。いくらお酒の席であったとはいえ、私の行為は許されるものではありません。大変申し訳ありませんでした。深く反省しています。

　貴殿が受けたケガの治療費と慰謝料は、貴殿から請求され次第、すぐにお支払いいたします。

　ただ、勝手なお願いですが、今回のことで、警察に訴えることだけはしないでください。私が捕まってしまうと、おそらく会社は私を解雇するでしょう。解雇されてしまうと、この不況では私を雇ってくれる会社はありません。

　そのため、警察に通知しないように、切にお願いする次第であります。

　何卒お願いいたします。

**Advice**

相手を殴るなどしてケガをさせた場合、傷害罪となり、15年以下の懲役に処せられることがある。
相手にケガを負わせたことを素直に謝り、反省していることを伝える。その上で、警察に訴えないようにお願いする。

## 文例12　子供に生活費の援助を求める

平成〇〇年〇月〇日

〇〇〇〇様

　　　　　　　　　　　　　　　　　　　　　〇〇〇〇

　親として貴方が立派に自立し、さらなる成長をしようとしているところ、貴方に迷惑をかけまいとしてきました。しかし、お父様が残してくれた遺産も日に日に減少し、私も体調がすぐれないために十分な収入も得られず、生活も、病院通いもままならない状況となってしまいました。貴方を拘束し負担をかけさせたくない気持ちはあるのですが、もはや経済的な援助をしていただけるようお願いする他、道が残されていません。

　心苦しい限りではありますが、毎月〇万円の生活費の援助をお願いいたします。そのため、お手数ですが、〇〇銀行普通口座〇〇〇〇〇〇の私の口座へ振り込んでください。よろしくお願いいたします。

**Advice**　子供に生活費の援助を求める際には、子供であっても丁重な表現を用いるようにする。なお、「私がここまで育てた」など子供に恩をきせるような表現はなるべく避けたほうがよい。

第8章　お願い事・依頼文

## 文例13　不動産の売買を依頼する委任状

委任状

　○○○○は、△△△△（○○県○○市○○町○丁目○番○号）を代理人と定め、下記、土地及び建物の売買契約の締結を委任します。

記

土地
　　所在　○○県○○市○○町○丁目
　　地番　○番○
　　地目　宅地
　　地積　○○○.○○㎡

建物
　　所在　○○県○○市○○町○丁目○番地○
　　家屋番号　○番○
　　種類　居宅
　　構造　木造　スレート葺　2階建
　　床面積　1階　○○.○○㎡
　　　　　　2階　○○.○○㎡

平成○○年○月○日

　　　　　　　　　　　　○○県○○市○○町○丁目○番○
　　　　　　　　　　　　○○○○

**Advice**　委任とは、依頼者（委任者）が依頼を受ける者（受任者）に、契約の締結などの法律行為を依頼することをいう。委任する際には、依頼する内容を記載する。

# 第 9 章

# 悪質商法

# 本章のポイント

## ● 悪質な契約は法律で規制されている

　悪質商法とは、消費者の無知を利用して騙したり、消費者を困らせて高額な商品を購入させる商法のことをいいます。

　その手口はさまざまであり、消費者の家を訪れて商品を販売する訪問販売や加盟者を増やすことでマージンを得るマルチ商法（連鎖販売取引）などがよく利用されます。

　そのため、訪問販売やマルチ商法など一定の取引契約については、消費者を保護するために、特定商取引法などで規制を設けています。

　なお、特定商取引法などでは規制されていない法律であっても、騙されたり、強迫されて結んだ契約については、民法に基づいて取り消すことができます。

## ● 詐欺や強迫は取り消すことができる

　契約をする際に当事者双方が契約内容を理解した上で契約を結び、購入した商品や提供されたサービスが当初の説明どおりであれば、トラブルは生じないでしょう。

　しかし、実際は、「当初の説明と実際の商品が違う」「重要な事実を伝えられていなかった」「断ったのに帰ってくれないからしかたなく契約した」といったトラブルが後を絶ちません。特に、悪質業者はこのようなことをあえて行います。

　代表的な契約トラブルとして「だまされた」という詐欺、「脅された」という強迫、「勘違いした」という錯誤や誤認を挙げることができます。

## 特定商取引法で規制されるおもな商法

| 取引 | 規制されるおもな商法 | クーリング・オフされる期間 |
|---|---|---|
| 訪問販売 | ・押売り（自宅に突然訪問してきて商品を販売する商法）<br>・キャッチセールス（駅前・街頭といった場所で目的を隠して営業所に勧誘する商法）<br>・アポイントメントセールス（販売目的を隠してメール・手紙などで誘い出す商法）<br>・催眠商法（会場に誘い出した客を話術や雰囲気で高揚させ、商品の販売を行う商法） | 8日 |
| 電話勧誘販売 | ・資格商法（家庭や職場に電話をかけて資格取得の勧誘を行い、電話中に契約を結ばせたり、申込書を郵送させたりする販売方法） | |
| 特定継続的役務提供 | ・無料体験商法（無料体験を誘い文句に客を誘い出し、エステや英会話教室、学習塾といったサービスの受講契約を結ばせる商法） | |
| 連鎖販売取引 | ・マルチ商法・マルチまがい商法（商品等を購入して入会し、新たに入会者を紹介すると手数料が入るシステムで組織を拡大させる商法） | 20日 |
| 業務提供誘引販売取引 | ・内職商法、モニター商法（収入が得られる仕事を提供するが、その仕事に使うことを理由に商品を販売する商法） | |
| 通信販売 | 電話やインターネットといった通信手段を利用して広告することで販売業者と対面せずに契約させる商法 | なし |
| ネガティブオプション | ・送りつけ商法（注文していない商品を一方的に送りつけ、後から代金を請求する商法） | |

第9章 悪質商法

① 詐欺・強迫

人をだましてカン違いさせることを詐欺といい、恐ろしいことを言ったり、怖がらせたりすることを強迫（民法では脅迫とは書きません）といいます。

詐欺や強迫による意思表示の場合には、表意者（購入者）の「買おうと思う」という意思と「買います」という表示との間にズレはありません。しかし、相手に「だまされた」、あるいは「脅された」結果として「買います」というのですから、そのプロセスには大きな問題があります。

そこで、民法は、詐欺または強迫を受けて行った意思表示は取り消すことができるとしています（民法96条）。

② 錯誤

消費者が、表示と真意との食い違いに気づいていない場合を錯誤といいます。俗に言う「勘違い」のことです。

ただ、どんなささいな勘違いでも無効というわけではありません。法律行為の重要な部分（要素）に勘違いがあった場合にだけ無効になるのです。つまり、その勘違いがなければ普通はそのような行為をしないだろうとされる場合に無効になります。

## ● 消費者契約法とは

消費者契約法は、消費者と事業者が契約を行う場合のルールについて定めた法律です。

消費者契約法の中でももっとも重要な規定が消費者取消権です。消費者取消権とは、消費者と事業者の間で締結された消費者契約を、消費者側から取り消すことができる権利です。

事業者がウソを言ったことにより消費者が勘違いして契約を結んだ場合や自宅を訪れたセールスマンが帰らないため、仕方なく契約を結んだような場合に、消費者取消権により契約を取り消すことができま

す。
　相手方の行為が詐欺であれば民法による契約の取消しができるのですが、民法の詐欺は訴訟で立証するのが難しい場合があるという問題が指摘されていました。消費者取消権は他の法律ではなかなか救済されなかった消費者でも行使することができるという点でメリットがある制度ということができます。
　この他、消費者契約法では、不当な契約であれば、契約を無効にできる規定も設けています。たとえば、悪質業者などは、ときどき契約書に不当な条項（一定の責任を負わないなど）を定めておくという手口をとることがあります。そして、サインさせておいた後で「もうサインしたのだから」といって履行を強要してきます。
　消費者契約法はこのような被害を防ぐために、不当な条項を契約で定めてもそのような契約は無効になることを定めています。具体的には、事業者の債務不履行（商品などを渡さないこと）責任の全部を免除する規定や事業者の不法行為（不注意で他人の財産や身体に損害を与えたこと）責任の全部を免責するような条項は、消費者の利益を一方的に害する条項であるため無効になります。

## ● 契約を取り消す場合の書面の書き方

　相手にだまされたり、強迫された場合には、契約を取り消すことができます。勘違いした場合には、契約は無効ですから、相手に無効を主張して契約を解約します。
　契約を取り消す書面には、相手にだまされたこと、強迫されたこと、勘違いさせられたことを記載した上で、契約を取り消す旨を伝えます。そのうえで、支払った代金の返済を求めます。
　特に、被害額が大きい場合や相手の強迫行為の程度がひどいような場合には、警察に届け出る旨や裁判を起こす旨を記載しておくとよいでしょう。

## ● クーリング・オフとは

　前述したように、特定商取引法では一定の取引を規制しています。その中でもっとも強力な効力を備えているのがクーリング・オフです。

　クーリング・オフは、一定期間の間であれば、消費者から契約の撤回または契約の解除（最初から契約をなかったことにする）ができる制度です。この一定期間のことをクーリング・オフ期間と呼びます。この期間を過ぎるとクーリング・オフができなくなります。クーリング・オフできる取引は、さまざまな法律で決められています。

　クーリング・オフは一度行った契約を消滅させる強力な効果があります。クーリング・オフを行ったことをはっきりさせておかなければ、後で「契約を解除した、しなかった」という水かけ論になる危険もあります。どんな法律でもクーリング・オフの通知は書面で行うことが必要とされています。書面であれば、ハガキでも手紙でもかまいません。

　しかし、通常郵便だと郵便事故で相手に届かないこともあります。また、悪質業者の場合だと、クーリング・オフのハガキや手紙が来ても無視する危険性が高いといえます。

　そこで簡易書留郵便（ハガキでも可）や内容証明郵便（27ページ）を使うのが最も確実です。

## ● クーリング・オフ書面の書き方

　クーリング・オフは書面で行わなければなりませんが、記載事項は限られています。契約年月日、商品名、契約金額、販売会社を記載して、契約を解除する旨を書けばよいのですから、購入者が自分でハガキを書けばそれで十分です。ただし、発信年月日を残すことが大切ですので、ポストに出すのは避けましょう。そのため、郵便局（差出事業所）の窓口で簡易書留郵便を利用するのがよいでしょう。

## クーリング・オフする場合のハガキの書き方

**(表)**

×××－××××

東京都××区×× 4−5−6

株式会社○○エージェンシー
×××× 殿

簡易書留

- 出した日付がわかるようにする
- 名前がわからなければ「代表者殿」としてもよい
- 表・裏面ともコピーをとり、クレジット契約の場合にはカード会社にも同じものを送付する

**(裏)**

契約解除通知書

　私は貴社と以下のような契約を結びましたが、特定商取引法第9条の規定に基づき契約を解除させていただきます。

契約年月日　平成21年○月○日
商品名　　　○○給湯器
契約金額　　○○万円
販売会社　　株式会社○○エージェンシー
担当者　　　○○様

なお、すでに支払った代金○万円につきましては速やかにお返しください。また、受け取った商品はお引き取りください。

平成21年○月○日
東京都○○区○○1-2-3
　　　　　　　　　　○○○○

- 契約を解除するということを書く
- 自分の住所と名前を書くのを忘れない

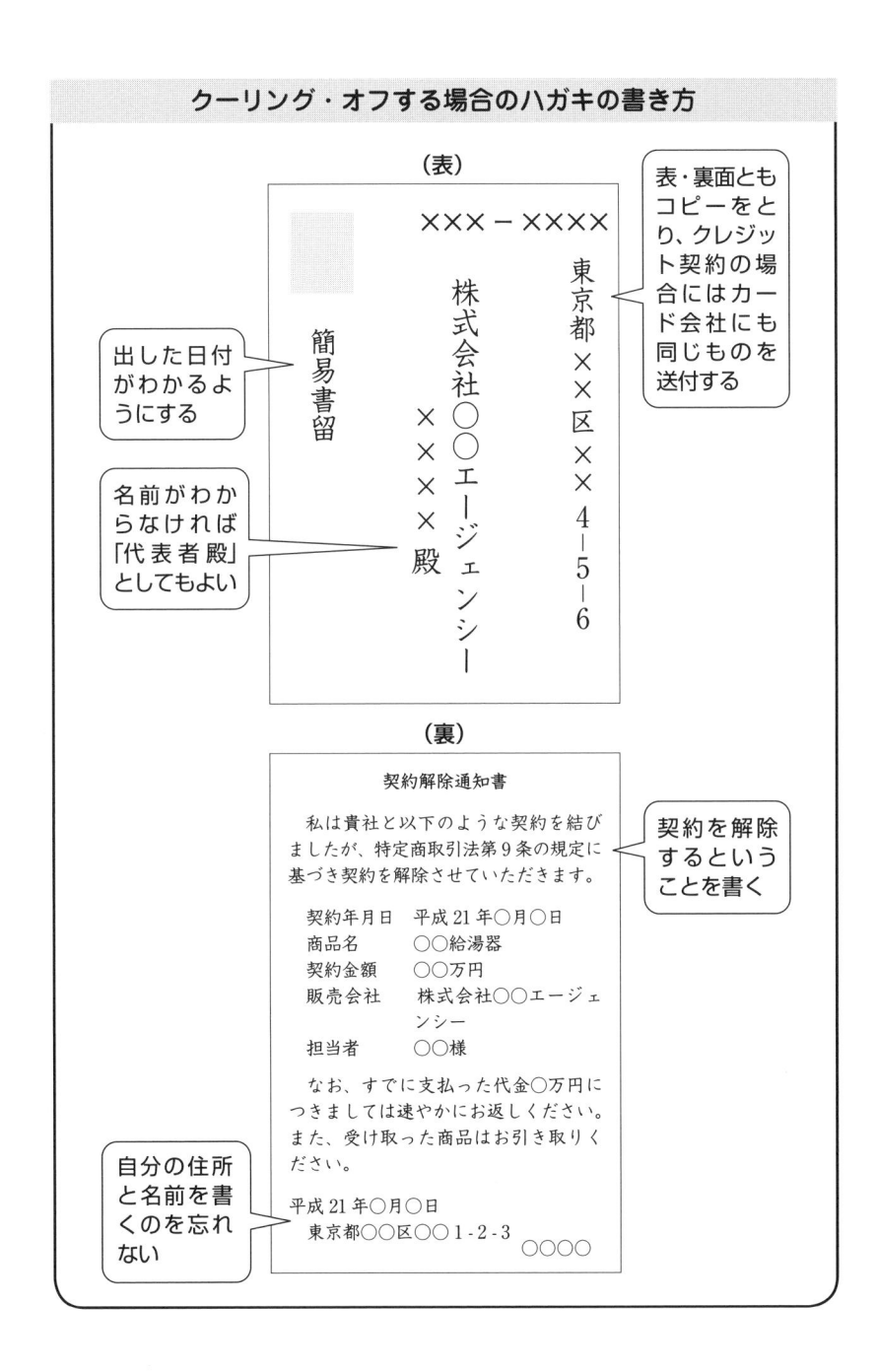

### 文例1　裏ビデオ代の返金を請求する

平成○○年○月○日

○○○○様

○○○○

### 請求書

　私は、平成○○年○月○日に届いた代金引換郵便（代引郵便）に、代金5000円を支払い、それと引換えに商品（いわゆる裏ビデオ）を受け取りました。

　知人に聞いたところ、2週間経てば捨ててしまってもかまわないということでした。受け取ってからすでに3週間が経っていますが、商品はまだ開封せずに保管しており、いつでも返送できる状態です。

　ついては、商品を返送するのと引き換えに、私が支払った代金5000円を返金していただけないでしょうか。

　返金してくれるよう貴殿が善処されることを期待します。

**Advice**

　代金引換郵便（代引郵便）を悪用したネガティブ・オプション（消費者が注文もしていないのに、業者が勝手に商品を送りつける商法）の苦情が急増している。対処法としては、すぐに返送するか、保管義務期間である14日間開封せずに保管することである。14日を過ぎれば、自由に処分してもよい。返送しても再び届くようなら、受取拒否と朱書きして郵便局へ返せばよい。

　代引郵便を悪用したネガティブ・オプションは、相談の段階ですでに支払いが済んでいる場合が多く、いったんトラブルが起きた後に代金を取り戻すのは大変困難である。

## 文例2 ぼったくりバーに支払った代金の返金を求める

平成○○年○月○日

○○○○様

○○○○

### 請求書

　私は、平成○○年○月○日に忘年会の二次会から流れて同僚と一緒に貴店を訪れ、酔った勢いで、人事不肖に陥ってしまいました。貴店には、およそ2時間いたと思いますが、支払いが30万円だったのには正直、驚きました。せいぜい5万円程度と踏んでいたのです。

　私は、貴店のような都心の繁華街のバーに入ったことはほとんどなく、見きわめが付きませんでした。

　つきましては、恥ずかしながら、支払った代金の半分だけ返金していただけないでしょうか。

　私にも落ち度はありますが、2人で2時間、30万円はあまりに高額だと思うのです。

　どうぞよろしくお願いいたします。

**Advice**　都心の繁華街のバーであれば、外見からも怪しい雰囲気は感じられるものだ。酔っていたので仕方がないかもしれないが、そもそもそのような場所に近づくことが誤りである。

　ちなみに、東京都にはぼったくり防止条例があり、風俗業者の「不当な勧誘」「不当な取立て」を禁止している。

　最終的には、詐欺や公序良俗（道徳観念）違反を理由に法的手段に訴える方法もあるが、恥の上塗りになる懸念があるので、この請求書で効果がなければ、あきらめた方がよいかもしれない。

第9章　悪質商法

## 文例3　結婚紹介所との契約を打ち切る

平成○○年○月○日

○○結婚紹介所 御中

○○○○

　私は、平成○○年○月○日、貴所に入会しました。その後、数人の女性を紹介されましたが、いまだに成婚にいたっていません。
　私の印象では、紹介された女性たちはみな遊び半分でお見合いをしているような人が多かったようです。そこで、ある女性に聞いたところ、その女性は学生で、アルバイトとして貴所で働いていると言うではありませんか。
　つきましては、即刻、貴所との契約を取り消したいと思います。あわせて、支払い済みの入会金20万円も返金していただくようお願いします。

**Advice**

　女性側がアルバイトで最初から結婚する気がなかった場合には、消費者契約法（第4条第1項第1号の不実告知）により契約を取り消すことができる。
　文例のような書面を送っても効果がない場合には、内容証明郵便（27ページ）で契約を取り消す旨を通知するとよい。

## 文例4　美人局で支払った金銭を返してもらう

平成○○年○月○日

○○○○様

○○○○

　私は、平成○○年○月○日、いわゆるキャバクラで働いていた○○さんと休日を一緒に過ごし、夕食をした後、ホテルへ入り、そこで男女の関係になってしまいました。

　私は、○○さんに、貴方という恋人がいたことはまったく知りませんでした。貴方の気持ちを傷つけてしまったことは、申し訳なく、いくら謝罪しても足りるものではありません。

　私は、すでに慰謝料として50万円を支払っておりますが、今思い返すと、50万円は余りに法外な金額だったのではないかと思わざるを得ません。

　つきましては、支払い済みの50万円のうち40万円の返金をしていただくようお願いいたします。

　今後は、二度とこのような不注意をおかすことのないようにします。誠に申し訳ありません。

**Advice**　悪質なケースでは、ホテル内で写真を取られ、それを家族や会社に暴露するといって何度も脅迫されることもありうる。謝罪文を送って返金してもらえれば、御の字と考えるべきである。
　度を越した要求があれば、恐喝罪が成立する可能性があるので、警察や弁護士などの専門家に相談するべきである。

## 文例5　宗教団体への寄付金を返してもらう

　　　　　　　　　　　　　　　　　　　　平成〇〇年〇月〇日
宗教法人〇〇〇〇様

　　　　　　　　　　　　　　　　　　　　　　〇〇〇〇

　私は、平成〇〇年〇月〇日、知人と共に〇〇〇〇の講和会を訪ね、その教義に魅せられて入会を決めました。寄付金もこれまで、合計200万円を納めています。

　ただ、最近、ニュースを見て、〇〇〇〇の教義がでたらめであり、教祖と崇めていた〇〇氏は、いつもの言葉とは裏腹に贅沢の限りを尽くした生活をしていることを知りました。

　つきましては、寄付金200万円を返金していただくようお願いいたします。もし請求に応じていただけない場合には、法的手段をとることも検討したいと考えております。

**Advice**

　民法によれば、書面によらない贈与はいつでも取り消せるのだが、すでに履行済みである場合は取り消せない（民法550条）。ただ、宗教団体から、詐欺または強迫を受けた場合には、入会を取り消し、寄付金の返還を求めることができる（民法96条1項）。

　なお、教義を真実だと誤解したことを理由に入会を取り消すことは認められていない。判例によれば、教義の真偽については裁判所の判断になじまないからだとされている。

## 文例6　宗教団体から購入した仏像を返還する

平成〇〇年〇月〇日

宗教法人〇〇〇〇様

〇〇〇〇

　私は、平成〇〇年〇月〇日、〇〇〇〇から「これを持っているだけで幸福になれる」と言われ、仏像を金25万円で購入しました。

　しかし、最近のマスコミ報道を見ても、〇〇〇〇がでたらめな宗教団体であることは明らかです。古物店で見てもらったところ、上記の仏像はせいぜい1000円足らずのものだとわかりました。

　よって、私が仏像を買ったのは、〇〇〇〇の巧みな話術を使った詐欺によるものですので、その意思表示を取り消します。

　つきましては、私が仏像を返還するのと引き換えに、金25万円を返還していただくよう請求いたします。

　もし請求に応じていただけない場合には、法的手段をとることも検討したいと考えております。

**Advice**　このような詐欺的商法に対しては、クーリング・オフが可能な期間が過ぎていても、詐欺による取消し（民法96条1項）が可能である。詐欺の事実を知った日から5年以内であれば、契約を取り消すことができる。

### 文例7 マルチ商法の会員にならないことを友人に伝える

平成○○年○月○日

○○○○様

　　　　　　　　　　　　　　　　　　　　　　　○○○○

　私は、平成○○年○月○日、貴方から、○○株式会社が販売する健康食品セットを購入するよう勧められていましたが、この書面にて、はっきりとお断りします。

　貴方の話によると、○○株式会社は、一旦健康食品セットを買った者に対して、知り合いに健康食品セットの購入を勧めるよう要求するということですが、その手法はいわゆるマルチ商法だからです。

　貴方が、改心し、今後知り合いを勧誘しないことを願います。このようなことを続ければ、せっかく築き上げた人間関係が次々と崩れてしまいます。

　くれぐれも、貴方が、悪質な商売の片棒を担ぐことのないことを望んでおります。

**Advice**　マルチ商法は、ピラミッド商法とか人狩り商法ともいわれ、ねずみ講と同じく会員をねずみ算的に増やしていこうとするものだが、商品販売を主目的としている点でねずみ講と異なる。ただ、上位者になればなるほど儲かるしくみになっているのはねずみ講と同じである。

　もし、友人の誘いを断れず、商品を購入してしまった場合には、クーリング・オフをするとよい。特定商取引法では、マルチ商法についての規制も設けており、契約書面を受け取った日から20日以内であればクーリング・オフが可能とされている。

## 文例8　マルチ商法の会員を脱退することを通知する

平成○○年○月○日

○○株式会社　御中

○○○○

　私は、平成○○年○月○日、友人の○○○○さんから勧められて、貴社が販売する健康食品セットを購入しました。○○○○さんからは、知り合いにも貴社の健康食品セットの購入を勧めるよう強く言われております。

　その後、主人らに聞いて、こういった手法は、マルチ商法特有のものだと知りました。そこで、私は、先日の売買契約を、特定商取引法第40条に基づき解除し、今後一切、貴社の活動には加わらないことをお伝えいたします。

**Advice**　マルチ商法に巻き込まれると、少しでも儲けを増やしたい一心から、家族や友人、また、普段は全然連絡を取り合わない昔の同級生などにまで強引な勧誘を繰り返すことになる。その結果、疎まれて人間関係が崩れてしまうケースも多い。

**文例9** 自分が参加を依頼したマルチ商法の会員にマルチ商法であることを警告する

　　　　　　　　　　　　　　　　　　　　平成○○年○月○日
　○○○○様
　　　　　　　　　　　　　　　　　　　　　　○○○○

　私は、平成○○年○月○日、貴方に対し、○○株式会社が販売する健康食品セットを購入するよう勧めました。それに応じて、貴方が健康食品セットを購入した際、私は貴方に、知り合いに健康食品セットの購入を勧めれば、どんどん報酬が増えていくとも話しました。
　私自身、やっと気づいたのですが、○○株式会社のこの手法はいわゆるマルチ商法にあたることが明らかです。
　貴方を巻き込んでしまい、私は、本当に申し訳ない気持ちで一杯です。
　私は、二度と知り合いを勧誘することはしません。貴方も、もう知り合いを勧誘することはやめてください。このようなことを続ければ、せっかく築き上げた人間関係が次々と崩れてしまいます。
　くれぐれも、貴方が、悪質な商売の片棒を担ぐことのないことを望んでおります。

**Advice** マルチ商法はねずみ講とは違い、違法とはされていない。ただ、上位者だけが儲かるしくみになっていることなどから特定商取引法によって規制されている。

## 文例10 悪質商法の被害者に裁判を起こすことを提案する

平成○○年○月○日

○○○○様

○○○○

　私は、平成○○年○月○日、知人から勧められて、○○株式会社が販売する健康食品セットを購入した者です。知人は私に対し、今後知り合いに健康食品セットの購入を勧めれば、どんどん報酬が増えていくとも言いました。

　その後は、私は友人たちに健康商品セットの購入を勧めました。しかし、ある日、友人のひとりに私のしていることがマルチ商法を利用したねずみ講であり、多くの人を不幸にするといわれました。

　私は、今後二度とこのような過ちをおかすことのないようにしたいと決意すると共に、多くの知人をこの商法に巻き込んでしまい、本当に申し訳ない気持ちで一杯です。

　つきましては、私たち、○○株式会社の被害にあった者たちが団結して、○○株式会社に対して損害賠償を求めるため、民事訴訟を提起したいと考えております。

　賛同する方は、ぜひ私まで、ご一報くださるようお願い申し上げます。

**Advice**　悪徳商法を行う団体に対して民事訴訟を起こす場合には、1人で行うより、集団で行う方が精神的にも安心である。多くは、弁護士に依頼することになるだろう。委任を受けた弁護士は、自身の事務所のホームページで、訴訟への参加を呼びかければ、より多くの被害者を効率的に募ることができる。

## 文例11 アダルトサイトからの請求を拒否する

平成○○年○月○日

○○○○社 御中

○○○○

　私は、平成○○年○月○日、貴社からサイト使用料の未払い分として、金5万円を支払うよう請求を受けました。

　確かに、サイトに会員登録をしたことは認めますが、使用した分については、きちんと貴社の預金口座に入金済みです。

　入金した証拠として、振込み明細書の写しを同封いたしますので、どうかお調べください。

　今回のような不当な請求が続くようであれば、今後貴社のサイトを利用することは差し控えざるをえません。

**Advice**

　このケースでは会員登録がなされており、ある程度の個人情報はすでに相手に知れているので、あえて「通知書」を送付して、支払い請求を拒否することとした。

　ただし、架空の請求の場合は、余分な個人情報を相手に知らせるのは得策ではなく。見覚えがない場合は、そのまま放置しておくほうがよい。

# 第10章

# 告訴・告発

# 本章のポイント

## ◉ 犯罪とは

　犯罪によって被害にあったとき、「犯人を逮捕して処罰してもらいたい」と思うのは当然のことです。犯人を逮捕してもらうためには告訴などをする必要があります。
　そのため、犯罪によって被害にあわなければ告訴などをすることはできません。
　たとえば、「お金を貸したのに返済をしない」「注文した商品が壊れていた」といった場合には、原則として、告訴をすることができません。このような場合には、民事事件として、契約の当事者同士が裁判などで争うことになります。
　一方、犯罪被害にあった場合には、刑事事件として、検察官が犯罪を犯した者を裁判にかけて罰します。
　犯罪とは、一般に刑法という法律で定められた行為をすることをいいます。この刑法に定められた行為をすると、犯罪を犯したことになり、被害にあった者は告訴などをすることができます。
　刑法で定められた犯罪には、殺人罪、強制わいせつ罪（暴行や脅迫を手段としてわいせつ行為を行うこと）、過失傷害罪（誤って人を傷つけること）、侮辱罪（相手を侮辱すること）、名誉毀損罪（事実を指摘して相手の名誉を汚すこと）、住居侵入罪（理由もなく他人の家に侵入すること）などがあります。
　なお、刑法以外の法律でも、一定の行為に対して刑事罰が科せられていれば、犯罪として告訴などをすることができます。たとえば、貸金業法では、暴力的な取立てをした場合には、罰則を科せられること

になっているので、告訴をすることができます。

## ● 告訴・告発とはどんなことか

　告訴とは、犯罪の被害者など告訴する権利を有する者（告訴権者）が、捜査機関に対して犯罪事実を申告し、その訴追を求める意思表示のことです。一方、告発とは、告訴権者及び犯人以外の第三者が、捜査機関に対して犯罪事実を申告し、その捜査と訴追（犯人を罰するために裁判をすること）を求める意思表示です。告訴と告発とでは、それを行う主体が違いますし、また、告訴には親告罪について制限期間があるのに対して告発には制限期間がないなどの違いがあります。ここで親告罪とは、たとえ被害を受けたとしても被害者が告訴などをしない限り、検察官が勝手に起訴できない罪のことをいいます。一般に、強制わいせつ罪や強姦罪などプライバシーに関するものが親告罪とされています。

　告訴・告発を行う先は、司法警察員（巡査部長以上の警察官）または検察官です。原則としてその事件を管轄する警察署または検察庁に出向きます。また、告訴・告発を行う形式は、口頭でも書面でもかまわないことになっています。

　口頭による告訴・告発が行われると、司法警察員や検察官は、原則として調書を作成することになっています。したがって、口頭で告訴・告発を行った場合でも、手続としては書面が作成されることになります。

### 告訴と告発の違い

| | | |
|---|---|---|
| 告　訴 | 犯罪の被害者 | 司法警察員<br>（巡査部長以上の警察官）<br>または検察官 |
| 告　発 | 犯罪の被害者及び<br>犯人以外の者 | |

また、口頭による告訴・告発は直接行われなければならず、電話による告訴・告発は正式なものとして受け付けてもらえません。

書面による場合は、告訴では告訴状、告発では告発状を作成します。書面による場合には、直接持参するだけでなく、郵送でも受け付けてもらえます。

## ● 事前相談を活用する

告訴状・告発状を作成して提出してみたものの、書式が不適切であるとか、内容面に不備があるなどの理由で、不受理とされると二度手間となってしまいます。

それを避けるために、事前に警察・検察に相談しておいてから、告訴状・告発状を作成し、手続を進めるのが合理的といえます。警視庁では、本部に告訴・告発の相談窓口を設けています。

## ● 要件の整った告訴状・告発状

法的に有効な告訴・告発を行うためには、要件の整った告訴状・告発状を作成し、提出しなければなりません。まず、形式的には書式が整っていることが必要です。管轄の警察署や検察庁が正しく記載され、告訴人・告発人の住所・氏名などが記載されているか、といったことです。

次に、内容的には、犯罪が成立していることを記述していなければなりません。犯罪が成立するための要件を構成要件といいます。構成概要とは、荒っぽくいえば、刑法の条文で定められた犯罪のことをいいます。告訴状・告発状には、告訴・告発の対象が構成要件を満たしていることを、具体的に記載します。ただ、実際に構成要件が満たされているかどうかは、判断が非常に難しいものです。弁護士などの専門家に相談する必要が出てくることもあるでしょう。

## ● 受理されなければ意味がない

　告訴状・告発状が完成し、それを警察や検察に提出しても、正式に受理されなければ、法律的には告訴・告発がなされたことにはなりません。法定の要件さえ整っていれば、司法警察員も検察官も告訴・告発を受理しなければならないことになっています。しかし、必要な事項が記載されていないとか、告訴すべき期間がすでに経過してしまっているような場合には、受理されません。さらに、実際上、警察も検察もあまりに処理すべき事件の量が多いため、一応「預かり」の状態にしたままにしておいて、正式に受理しないこともしばしば見られます。受理してもらわなければ何の意味もないので、捜査機関との協力関係を作りながら、受理を促すようにしましょう。

## ● 記載事項は決まっている

　告訴・告発は、告訴状・告発状の作成から始まりますが、記載すべき事項が法令によって厳格に規定されているわけではありません。ただ、実務上、最低限の事項を記載することが予定されています。記載事項は以下のようになっています。

① 　告訴人・告発人の表示

　告訴人・告発人の氏名・住所を表示して特定します。実務上は、その後の連絡の便宜のため、電話番号とファックス番号も併記しておきます。会社などの法人の場合は法人名に代表者名を記載し、商業登記の登記事項証明書を添付します。

② 　被告訴人・被告発人の表示

　犯人と思われる者を被告訴人・被告発人として表示します。表示は、氏名・本籍地・住所・電話番号・勤務先などを記載して行います。犯人がわからない場合には「氏名不詳」などと記載しておきます。

③ 　犯罪事実の表示

　犯罪事実の表示は告訴状・告発状のなかでも中核的な要素となりま

す。できるだけ正確かつ的確な記載がなされなければなりません。具体的には、犯罪が成立するための要件（構成要件）をひとつひとつ、時系列に沿って指摘するかたちで記載していきます。

④ 罪名・罰条の表示

　処罰を求める犯罪事実が、どのような罪に該当し、それが法律（条例）の第何条に規定されているかも、表示しておきます。たとえば、「刑法第235条　窃盗罪」などと記載します。

⑤ 付随事情などの表示

　告訴・告発にあたって、犯罪事実の表示は重要ですが、それに付随した事情やそれまでの経緯も重要になることがあります。たとえば、傷害罪では、犯人が被害者を傷つけた事実が犯罪事実ですが、それに至る経緯や動機も重要になります。犯人と被害者が口論していたのであれば、ケンカとして故意に（わざと）被害者を傷つけたことが証明しやすくなります。また、以前から顔見知りなのか、それとも初対面の関係なのかも記載しておくべきです。

⑥ 処罰を求める旨の表示

　告訴・告発という手続は、犯罪事実を指摘し、犯人の処罰を求める手続です。そのため、告訴状・告発状には、処罰を求める旨を明確に表示しなければなりません。

⑦ 記名・押印をする

　告訴人・告発人は、告訴状・告発状に署名（記名）・押印しなければなりません。また、法人の場合も社判や代表者印を押印します。代理人が手続をする場合には、代理人の記名・押印も必要です。

⑧ 提出先の表示

　「〇〇警察署長殿」、「〇〇地方検察庁検察官殿」など、事件を管轄する捜査機関を表示します。

⑨ 作成年月日

　文書を作成した日付を記載します。

## ● 被害届とは

告訴・告発に似たものとして、被害届があります。被害届は、犯罪被害にあったときに、警察や検察の窓口に行き、犯罪事実を記載して提出します。被害届は、自由に作成できて費用もかからないため、告訴よりも利用されています。

## ● 刑事手続

まず、刑事手続がどのように展開していくのか、ざっとながめておきましょう。刑事手続は捜査からはじまります。110番通報や告訴・告発によって、警察（捜査機関）は犯罪の発生を知ります。このように、捜査機関が犯罪の発生を知るきっかけとなるものを捜査の端緒といいます。

### ① 逮捕・勾留手続

警察は、被疑者（犯罪を行った疑いのある者）を逮捕したときでも、留置（証拠隠滅を行わないよう警察署などに拘束すること）する必要がないと判断して釈放した場合を除き、48時間以内にこれを書類及び証拠物と共に検察官に送致しなければなりません。

送致を受けた検察官は、勾留（訴訟を行うために監獄に拘束すること）の必要性がないと認めたときは被疑者を釈放し、あると認めたときは被疑者を受け取ったときから24時間以内に裁判官に対して勾留請求をすることになります。逮捕の期間は、警察段階での48時間と検察段階での24時間を足して合計72時間までです。勾留においては、通常、さらに10日から20日間、継続して被疑者の身体が拘束されます。

### ② 取調べ・捜索・差押

以上のような被疑者の身体の確保がなされる一方で、証拠の収集と保全も同時に行われます。具体的には身体を拘束した被疑者を取り調べたり、捜索・押収・検証などの強制捜査がなされるわけです。

逮捕後は、犯行の状況について被疑者を取り調べます。犯人と疑わ

れている者に供述を求めることを被疑者取調べといいます。この取調べにおいては、被疑者の黙秘権（供述したくない事柄について沈黙したままでいても、それを理由に不利益を受けない権利のこと）が保障され、供述が任意になされたのかどうかがポイントになります。

また、逮捕・勾留されている被疑者は、弁護人と自由に面接できる権利が保障されています。これを接見交通権といいます。

③ 検察官の公訴提起

被疑者を起訴することができるのは、検察官だけです。また、被疑者を起訴するかどうかの判断に際して、検察官にはとても広い裁量が認められています。起訴は、起訴状を裁判所に提出することによって行われます。なお、起訴後、被疑者は被告人という名称で呼ばれることになります。

④ 公訴

起訴状が提出され、裁判所がそれを受理すると、以後、その裁判所のもとで審理が進められることになります。

裁判所は、受理した起訴状の謄本を被告人に送達し、さらに、裁判長は公判期日を定め、被告人を召喚します。このような準備段階を経てから、いよいよ本格的に公判が開始されます。

⑤ 冒頭手続

第1回公判期日において行われる人定質問から被告人の罪状認否、弁護人の意見陳述までの一連の手続を冒頭手続といいます。

まず、第1に行われるのは人定質問です。これは、裁判長が被告人に対して、人違いでないかどうかを確認する作業で、氏名・本籍・職業などが尋ねられます。

続いて、検察官が起訴状を朗読した後、被告人に黙秘権の告知がなされ、さらに被告人・弁護人に対して事件について陳述する機会が与えられます。その際に、被告人は、起訴事実を認めるか否かの陳述を行うわけです。これを罪状認否といいます。

## 被害届サンプル

### 被 害 届

○○警察署長　殿

次の窃盗被害がありましたのでお届けします。

届出人：　　住所　東京都台東区○○町△丁目△番地△号
　　　　　　氏名　○○　○○　㊞
　　　　　　電話番号　０３－○○○○－○○○○

被害者：　　住所　東京都台東区○○町△丁目△番地△号
　　　　　　職業　会社員
　　　　　　氏名　○○　○○
　　　　　　年齢　○○歳

被害時間：　平成○○年○月○日　午後○時から午後○時までの間
被害品名：　現金、銀行預金通帳、郵便貯金通帳、国債証書、キャッシュカード、ハンドバッグ、ネックレス、
数量：　　　各1個
価格：　　　○○○万円
特徴：　　　ハンドバッグはベージュ色のプラダ製、ネックレスは真珠
所有者：　　すべて被害者の所有物
被害場所：　被害者の居住する自宅
被害状況：　犯人は塀を乗り越えて、1階南側の窓ガラスを割って侵入しました。家屋内部が一通り物色され、鍵のかかったクローゼットが破壊されて、現金などの貴重品が盗まれました。
犯人：　　　被害者が帰宅したところ、窓から逃げていく犯人の後姿を目撃しました。犯人は40代から50代の男性で、身長は160センチ程度で小柄でした。どちらかといえば細身でした。服は黒いセーターにジーンズを履いていました。手には手袋をしていたと思います。呼び止めようと声を出したところ、あわてて塀を乗り越えて逃げていきました。
参考事項：　最近、家の周辺では空き巣による被害が頻発しています。近所の人の話では、この2、3日の間、見かけない不審な男が家のまわりをうろついていたそうです。また、犯人は土足で侵入しており、運動靴らしき足跡が家の内部に残されています。窓ガラスは、濡れたダンボールを貼ったうえで、何かを使って割ったようです。

### ⑥ 証拠調べから最終手続へ

冒頭手続を訴訟の第1段階とすれば、第2段階は証拠調べです。証拠調べは、まず、検察官が証拠によってどんな事実を証明しようとしているのかを陳述することから開始されます。これを冒頭陳述といいます。続いて、裁判所は検察官・被告人・弁護人の意見を聴いた上で、証拠調べの範囲・順序・方法を定めます。通常は検察官から請求された証拠をすべて調べた後で、被告人側の証拠が取り調べられることになります。

証拠調べが終了すると、次の段階は最終手続です。

まず検察官の論告が行われます。論告とは、証拠調べが終わった後に検察官が行う、事実および法律の適用についての意見の陳述です。この論告の際に、「被告人を懲役××年に処するのが相当であると思う」というように、刑の量定（裁判官が具体的に宣告する刑を決定すること）に関する意見もなされます。いわゆる求刑です。続いて、弁護人が、事実および情状、法律の適用について自己の意見を述べます。これを最終弁論とよびます。最後に被告人の最終陳述が行われ、結審します。なお、この第3段階を総称して最終弁論とよぶこともあります。

### ⑦ 判決とその確定

論告・最終弁論・最終陳述をふまえた上で、結審後に裁判所が判決の宣告を行います。

具体的には、公判廷で主文の朗読と理由の朗読がなされます。判決には、有罪判決と無罪判決とがあります。

この判決の宣告によって、訴訟手続は一応のしめくくりを迎えることになります。被告人・検察官双方とも不服がなければ、判決は確定することになります。

### 公益通報者保護法とは

公益通報者保護法とは、企業の法令違反行為などを通報した者（内部告発者）を解雇や減給などの制裁措置から保護することを目的とする法律です。

従業員が内部告発をすると、会社から報復的な措置を受けてしまうということになると、違法行為を察知していても通報することを控えてしまうのが心情です。

そこで、この法律は、公益通報を行ったことを理由とする解雇は無効とし、降格や減給など不利益な扱いをすることを禁止しています。

具体的には、労働者が、その事業所で刑法・食品衛生法・金融商品取引法などの法律に違反するような行為が行われている（または行われる可能性がある）ことを通報した場合に、この法律の保護を受けることができます。

通報先は、①事業所内部、②行政機関（監督官庁など）、③事業者外部（新聞社など）となっています。ただし、事業者外部への通報が保護されるためには、証拠隠滅の恐れがある、人の生命、身体に危害が及ぶ状況にあるなどクリアしなければならない条件があります。

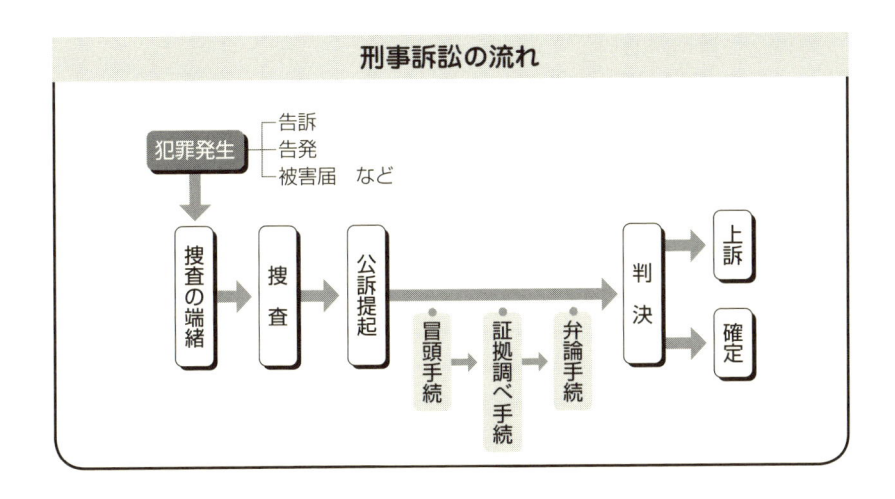

**刑事訴訟の流れ**

犯罪発生 ─ 告訴／告発／被害届　など
→ 捜査の端緒 → 捜査 → 公訴提起 →（冒頭手続 → 証拠調べ手続 → 弁論手続）→ 判決 → 上訴／確定

## 文例1　美容整形に失敗した医者を訴える

告訴状

平成○○年○月○日

○○警察署長　殿

告訴人　　○○○○

告訴人　住居　東京都○○区○○町○丁目○番○号
　　　　職業　会社員
　　　　氏名　○○○○
　　　　　　　昭和○○年○月○日生
　　　　電話　03-0000-0000
　　　　FAX　03-0000-0000
被告訴人　住居　東京都○○区○○町○丁目○番○号
　　　　職業　医師
　　　　氏名　○○○○
　　　　　　　昭和○○年○月○日生

第1　告訴の趣旨

　被告訴人の以下の所為は、刑法第211条前段の業務上過失傷害罪に該当すると考えるので、被告訴人の厳重な処罰を求めるため、ここに告訴する。

第2　告訴事実

　被告訴人は、平成○○年○月○日午前11時頃、東京都○○区○○所在の○○美容整形クリニック内において、告訴人に対し、「全身若返り・アンチエイジングのための地肌再生療法」と称する美容整形手術を行ったのであるが、その後、告訴人の顔面は腫れ、ただれ、また、まぶたが開かない状態が続き、1

か月を経過した今も完治していない。

第3　告訴に至る経緯
1　被告訴人は、東京都○○区○○において、○○美容整形クリニックを開業している医師である。
2　告訴人は、平成○○年○月ころ、婦人雑誌に掲載された○○美容整形クリニックの広告をみて、「自分の人生はこれからだ、若返って、友人を見返してやろう」と思い立ち、当クリニックが掲げる「全身若返り・アンチエイジングのための地肌再生療法」を受けることを決心した。
3　同年○月○日、告訴人は、○○美容整形クリニックを受診した。医師○○○○は、会話もほどほどに、告訴人をみるとすぐに「大丈夫、20歳は若返ります。手術は早い方がよいでしょう」と一方的に話し続けた。告訴人は1週間後に手術の予約を入れた。
4　手術当日、30分位で手術は終わったが、告訴人は手術直後から顔面に違和感を感じた。医師に告げても、「大丈夫、すぐによくなる。」と繰り返し言うだけだった。

第4　立証方法
　　美容整形手術承諾書及び手術代金領収証

第5　添付書類
　　上記承諾書及び領収証写し

**Advice**

　医療過誤を争う方法としては、民事訴訟で損害賠償を求める方法が一般的である。しかし、医師の態度が悪質である場合には、刑事告訴を検討してもよいだろう。ただ、実際に刑事事件とするかどうかは警察が決めることなので、警察からの処分結果を待つしかないのが実情である。
　訴訟の場面では、証拠がモノをいうので、念のため今のうちから、医師との会話内容を思い出して、できるだけ詳細に書面に再現してみるなどといった対策をとっておいたほうがよいだろう。

## 文例2 ストーカー被害を訴える

告訴状

平成○○年○月○日

○○警察署長　殿

告訴人　○○○○

告訴人　住居　東京都○○区○○町○丁目○番○号
　　　　職業　会社員
　　　　氏名　○○○○
　　　　平成○○年○月○日生
　　　　電話　03-0000-0000
　　　　FAX　03-0000-0000
被告訴人　住居　東京都○○区○○町○丁目○番○号
　　　　職業　無職
　　　　氏名　○○○○
　　　　昭和○○年○月○日生

第1　告訴の趣旨

　被告訴人の以下の所為は、ストーカー行為等の規制等に関する法律（以下「ストーカー規制法」という）第2条2項の「つきまとい」の罪に該当すると考えるので、被告訴人の厳重な処罰を求めるため、ここに告訴する。

第2　告訴事実

　被告訴人は、平成○○年○月○日から同月○日頃までの間、

東京都○○区の告訴人方に、わいせつな写真や、卑猥な内容を書き込んだ手紙を送りつけてきたものである。

第3　告訴に至る経緯
 1　告訴人は、平成○○年○月○日、○○警察署のストーカー対策室を訪れ、上記の事実を話した。
 2　上記の写真、手紙の送り主の氏名は不明であったが、警察の捜査により、その送り主は被告訴人○○○○であることが判明した。
 3　その後警察署から、被告訴人に対して、ストーカー規制法に基づく「警告」が発せられた。
 4　しかし、その後も、同様の手紙が、間隔は開いたものの、依然として届く状態は変らないので、本告訴に及ぶ次第である。

第4　立証方法
　　警告書

第5　添付書類
　　上記警告書写し

**Advice**　ストーカー規制法に基づく「警告」が出されても、行為者が従わない場合には、都道府県公安委員会は禁止命令を出すことができる。また、それ以外にも、被害者の申し出により警察が弁護士の紹介や、防犯アラームの貸し出しなどの援助を行っているようである。その他、民事保全法に基づき、地方裁判所に対して、つきまとい行為の禁止を求める仮処分を申し立てることもできる。
　　ただ、通常は、そこまでしなくとも、**警察から注意をしてもらうだけでかなりの効果が出ることが多い**。そこで、ひとまず警察に相談することをお勧めしたい。

## 文例3　ちかん被害を訴える

告訴状

平成○○年○月○日

○○警察署長　殿

告訴人　○○○○

告訴人　　住居　東京都○○区○○町○丁目○番○号
　　　　　職業　パートタイマー
　　　　　氏名　○○○○法定代理人親権者母○○○○
　　　　　　　　昭和○○年○月○日生
　　　　　電話　03-0000-0000
　　　　　FAX　03-0000-0000
被告訴人　住居　東京都○○区○○町○丁目○番○号
　　　　　職業　会社役員
　　　　　氏名　○○○○
　　　　　　　　昭和○○年○月○日生

第1　告訴の趣旨

　被告訴人の以下の所為は、刑法第176条の強制わいせつ罪に該当すると考えるので、被告訴人の厳重な処罰を求めるため、ここに告訴する。

第2　告訴事実

　被告訴人は、平成○○年○月○日午前8時40分頃、都営地下鉄新宿線車両が小川町駅と神保町駅の間を走行中、同車内に

おいて、告訴人の長女○○○○（当時19歳）が、満員のため押し込まれてちょうど自分の前に立っているのを見て、わいせつ行為をしようと企て、いきなり○○○○に抱きつき、○○○○のスカートの中に手を入れ、陰部をもてあそぶなどして、○○○○にわいせつな行為をしたものである。

第3　告訴に至る経緯
1　告訴人の長女○○○○は、平成○○年○月○日午前8時50分ころ、神保町駅ホームにおいて、○○○○の叫び声を聞いた同乗の男性数人に助けられ、被告訴人を駅員室へつれて行った。
2　被告訴人は、最初は否認していたが、警察へつれて行くと言うと、あっさりと行為を認め、金ならいくらでも出すなどと言った。
3　その後、被告訴人から、示談の申し出があったが、告訴人としては、○○○○が被害後、精神的にふさぎ込み、家に閉じこもりっぱなしであることを思うと、けっしてお金だけで解決したくない気持ちである。被告訴人には、まったく誠意が感じられないため、思い切って、本告訴に及んだ次第である。

第4　立証方法
　　証人　△△△△（会社員）

**Advice**

強制わいせつ罪は親告罪であり、告訴がなければ（検察官は）起訴をすることができない犯罪である。そして、告訴は、被害者が未成年者の場合、親権者である母親もすることができる。
「痴漢」という言葉は、刑法などの法律にはなく、「痴漢」行為は、おもに、軽犯罪法第1条第5号や刑法第176条（強制わいせつ罪）、第175条（わいせつ物陳列罪）、第174条（公然わいせつ罪）、各地方公共団体の迷惑防止条例などにより処罰される。
電車内での「痴漢」行為は、現行犯でない限り、容疑をかためることが難しいので、周囲の人の手助けが必要になる。

## 文例4　侮辱した相手を訴える

告訴状

平成○○年○月○日

○○警察署長　殿

告訴人　○○○○

告訴人　住居　東京都○○区○○町○丁目○番○号
　　　　職業　会社員
　　　　氏名　○○○○
　　　　　　　昭和○○年○月○日生
　　　　電話　03-0000-0000
　　　　FAX　03-0000-0000
被告訴人　住居　東京都○○区○○町○丁目○番○号
　　　　職業　会社役員
　　　　氏名　○○○○
　　　　　　　昭和○○年○月○日生

第1　告訴の趣旨
　　被告訴人の以下の所為は、刑法第231条の侮辱罪に該当すると考えるので、被告訴人の厳重な処罰を求めるため、ここに告訴する。

第2　告訴事実
　　被告訴人は、平成○○年○月○日午前11時頃、東京都○○区○○所在の株式会社○○商事第○営業本部室内において、告

訴人に対し、同僚らがいる前で、「おまえは犬以下だ、人間をやめてしまえ」と罵声を浴びせ、告訴人のイスを蹴るなどの行為をしたものである。

第3　告訴に至る経緯
1　告訴人は、株式会社○○商事の人事部に、被告訴人の上記の言動について相談したが、人事部からはいつまで経っても返答はなかった。
2　挙句の果てに、告訴人は、人事部から、平成○○年○月○日付けで○○支店への異動を命じられた。
3　その後、被告訴人から、示談の申し出があったが、告訴人としては、けっしてお金だけで解決したくない気持ちである。被告訴人には、まったく誠意が感じられないため、思い切って、本告訴に及んだ次第である。

第4　立証方法
　　証人　△△△△（会社員）

> **Advice**
> 　侮辱罪は親告罪であり、告訴がなければ（検察官は）起訴をすることができない犯罪である。
> 　侮辱罪は、刑法中で最も刑の軽い犯罪である（拘留または科料のみ）。侮辱罪と似ている犯罪に、名誉毀損罪がある。名誉毀損罪は具体的な事実を言う（たとえば、「○○は会社の金を横領している」などと言うこと）必要があるのに対し、侮辱罪ではそのような具体的な事実を言う必要はない（たとえば、「おまえはバカだ」と言うだけでもよい）。

## 文例5　名誉を毀損した相手を訴える

告訴状

平成○○年○月○日

○○警察署長　殿

告訴人　　○○○○

告訴人　住居　東京都○○区○○町○丁目○番○号
　　　　職業　会社員
　　　　氏名　○○○○
　　　　　　　昭和○○年○月○日生
　　　　電話　03-0000-0000
　　　　FAX　03-0000-0000
被告訴人　住居　東京都○○区○○町○丁目○番○号
　　　　職業　会社員
　　　　氏名　○○○○
　　　　　　　昭和○○年○月○日生

第1　告訴の趣旨
　　被告訴人の以下の所為は、刑法第230条第1項の名誉毀損罪に該当すると考えるので、被告訴人の厳重な処罰を求めるため、ここに告訴する。

第2　告訴事実
　　被告訴人は、平成○○年○月○日午前11時頃、東京都○○区○○所在の株式会社○○商事の食堂において、告訴人に対し、

同僚らがいる前で、「君は△△△△と不倫しているね」と大声で話しかけ、告訴人が制止しても、「君らがホテルに入るところを見たやつがいるんだ、ほどほどにしとけよ」などと話し続けたものである。

第3　告訴に至る経緯
1　被告訴人は、同期入社の告訴人が被告訴人よりも早く課長に昇進したことに嫉妬心をいだき、常日頃から告訴人の私事に関する作り話を、社内のいろんな部署で話していた。
2　告訴人は、上記の被告訴人の行為に気づいていたが、同期のよしみもあるし、自分だけのことなら我慢しようと考えていた。しかし、今回のことで、何の関係もない△△△△に迷惑がかかることを思い、思い切って、本告訴に及んだ次第である。

第4　立証方法
　　告訴人作成の上申書

**Advice**

名誉毀損罪は親告罪であり、告訴がなければ（検察官は）起訴をすることができない犯罪である。
　名誉毀損罪が成り立つためには、具体的な事実を言う必要があるが、その事実は真実でもウソでもよい。
　ただ、死亡した者については、ウソをついて名誉を毀損した場合にのみ罰せられる。

## 文例6　身辺を調べている興信所を訴える

告訴状

平成〇〇年〇月〇日

〇〇警察署長　殿

告訴人　〇〇〇〇

告訴人　住居　東京都〇〇区〇〇町〇丁目〇番〇号
　　　　職業　会社員
　　　　氏名　〇〇〇〇
　　　　　　　昭和〇〇年〇月〇日生
　　　　電話　03-0000-0000
　　　　FAX　03-0000-0000
被告訴人　住居　東京都〇〇区〇〇町〇丁目〇番〇号
　　　　職業　探偵業
　　　　氏名　〇〇〇〇
　　　　　　　昭和〇〇年〇月〇日生

第1　告訴の趣旨

　　被告訴人の以下の所為は、刑法第130条の住居侵入罪および有線電気通信法違反（第13条違反）に該当すると考えるので、被告訴人の厳重な処罰を求めるため、ここに告訴する。

第2　告訴事実

　　被告訴人は、平成〇〇年〇月〇日頃、東京都〇〇区の告訴人方にしのび込み、告訴人所有の固定電話器に小型の盗聴器を備

えつけた。また、その盗聴器を通じて聴取した、同月○日から○日までの電話の会話内容を録音し、依頼人である告訴人の妻△△△△に対し、録音内容を反訳した書面を渡したものである。

第3 告訴に至る経緯
1 被告訴人は、東京都○○区内で○○興信所を経営する者であるが、告訴人の浮気を疑っている告訴人の妻（別居中）から、告訴人の素行調査の依頼を受けた。
2 被告訴人は、告訴人の妻から合鍵を預り、平成○○年○月○日ころ、東京都○○区の告訴人方にしのび込み、告訴人所有の固定電話器に小型の盗聴器を備えつけた。
3 被告訴人は、同月○日から○日までの間、上記盗聴器を通じて、電話の会話内容を聴取し、その内容を書面にして、告訴人の妻に渡した。
4 被告訴人の上記の行為は、告訴人のプライバシーを侵害すること甚だしい。そのため、思い切って、本告訴に及んだ次第である。

第4 立証方法
告訴人作成の上申書

> **Advice**
> 本件とは直接関係ないが、「犯罪捜査のための通信傍受に関する法律」が制定されており、捜査機関は、この法律を根拠に犯罪捜査の手段として通信傍受を用いることができる。
> しかし、捜査機関以外の一般私人による通信傍受を適法と認めるものではない。

## 文例7　盗撮をした相手を訴える

　　　　　　　　　　告訴状

　　　　　　　　　　　　　　　　　平成〇〇年〇月〇日
〇〇警察署長　殿

　　　　　　　　　　　　　　　　告訴人　〇〇〇〇


告訴人　　住居　東京都〇〇区〇〇町〇丁目〇番〇号
　　　　　職業　会社員
　　　　　氏名　〇〇〇〇
　　　　　　　　昭和〇〇年〇月〇日生
　　　　　電話　03-0000-0000
　　　　　FAX　03-0000-0000
被告訴人　住居　東京都〇〇区〇〇町〇丁目〇番〇号
　　　　　職業　会社員
　　　　　氏名　〇〇〇〇
　　　　　　　　昭和〇〇年〇月〇日生

第1　告訴の趣旨
　　被告訴人の以下の所為は、東京都の「公衆に著しく迷惑をかける暴力的不良行為等の防止に関する条例」第5条に違反すると考えるので、被告訴人の厳重な処罰を求めるため、ここに告訴する。

第2　告訴事実
　　被告訴人は、平成〇〇年〇月〇日に、JR新宿駅南口付近エ

スカレーター上において、前に立った告訴人のスカート内に、カメラ付き携帯電話を差し入れ、盗撮したものである。

第3　告訴に至る経緯
1　告訴人は、平成○○年○月○日午前8時50分ころ、JR新宿駅南口付近エスカレータ付近において、告訴人の叫び声を聞いた周辺の男性数人に助けられ、被告訴人を駅員室へ連れて行った。
2　被告訴人は、最初は否認していたが、携帯電話を要求されると行為を認め、携帯電話も差し出した。
3　その後、被告訴人から示談の申し出があったが、他にも被害者がいるかもしれないことを考えると、被告訴人を野放しにするわけにはいけないと思い、思い切って、本告訴に及んだ次第である。

第4　立証方法
　　証人　△△△△（会社員）
　　カメラ付き携帯電話

**Advice**
「公衆に著しく迷惑をかける暴力的不良行為等の防止に関する条例」とは、一般に「迷惑防止条例」と呼ばれているもので、現在では47すべての都道府県で同様の条例が定められている。
　本件は、盗撮被害に関するものだが、親告罪である強制わいせつ罪などと異なり、本罪は被害者の告訴がなくとも、（検察官は）起訴をすることができる。

## 文例8 暴力的な取立てをした貸金業者を訴える

告訴状

平成○○年○月○日

○○警察署長　殿

告訴人　　○○○○

告訴人　　住居　東京都○○区○○町○丁目○番○号
　　　　　職業　会社員
　　　　　氏名　○○○○
　　　　　　　　昭和○○年○月○日生
　　　　　電話　03-0000-0000
　　　　　FAX　03-0000-0000
被告訴人　住居　東京都○○区○○町○丁目○番○号
　　　　　職業　会社員
　　　　　氏名　○○○○
　　　　　　　　昭和○○年○月○日生

第1　告訴の趣旨
　　被告訴人の以下の所為は、それぞれ貸金業法21条に違反すると考えるので、被告訴人の厳重な処罰を求めるため、ここに告訴する。

第2　告訴事実
　　被告訴人は、
1　平成○○年○月○日午後10時頃、東京都○○区○○町○丁目○番○号の告訴人自宅を訪れ、「金を返せ、娘を殺すぞ」な

どと騒ぎ立て、
2　平成○○年○月○日午後11時ころ、告訴人自宅の玄関扉に「ろくでなし、死ね」などと落書きをした
ものである。

第3　告訴に至る経緯
1　告訴人は、金策に行き詰まり、平成○○年○月○日ころ、東京都○○区○○町所在の資金業を営む株式会社○○○社内において、年利29.2％の約定で100万円を借りる契約を結んだ。
2　被告訴人は、株式会社○○○の社員である。
3　告訴人の支払いが滞ると、被告訴人は、毎晩のように告訴人の自宅を訪れ、大声でわめいたり、玄関扉に落書きをしたりするようになった。告訴人は、精神的にまいってしまい、睡眠もとれなくなった。
4　警察に相談したところ、その後一旦はおさまったが、しばらくすると再び同様の行為がなされたため、思い切って、本告訴に及んだ次第である。

第4　立証方法
1　被告訴人のわめき声を録音したテープ
2　被告訴人の落書きを撮影した写真

**Advice**

貸金業法に違反する行為があった場合、まずは、日本貸金業協会、各地の財務局、都道府県庁内にある金融課の窓口、警察などに申し立てるべきである。その結果、営業停止や貸金業登録の取り消しなどの行政処分が加えられることがある。

これら違反行為に対して行政機関などに申し立てる際には、相手業者の名前や所在地などを伝える他に、行為が行われた証拠も提出した方が有利である。証拠の取り方にはいろいろあるが、たとえば電話での取立ての場合は録音機能を使ったり、自宅や会社などへの取立てには、第三者の目撃証拠などが有用である。張り紙などの場合は現物を確保する方法もある。

## 文例9　食品偽装していることを告発する

告発状

平成○○年○月○日

○○警察署長　殿

告発人　○○○○

告発人　住居　東京都○○区○○町○丁目○番○号
　　　　職業　会社員
　　　　氏名　○○○○
　　　　　　　昭和○○年○月○日生
　　　　電話　03-0000-0000
　　　　FAX　03-0000-0000
被告発人　住居　東京都○○区○○町○丁目○番○号
　　　　　名称　有限会社○○精肉店
　　　　　代表者　○○○○

第1　告発の趣旨

　被告発人の以下の所為は、「農林物資の規格化及び品質表示の適正化に関する法律（JAS法）」第19条の12に違反すると考えるので、被告発人の厳重な処罰を求めるため、ここに告発する。

第2　告発事実

　被告発人は、平成○○年○月○日頃から同月○日頃までの間、東京都○○区○○町所在の有限会社○○精肉店の店頭に、原産

地表示のない鶏肉を展示し、販売したものである。

第3　告発に至る経緯
1　告発人は、平成○○年○月○日、行きつけである○○精肉店において、「伊達鶏」と称する鶏肉500グラムを購入した。
2　告発人が、自宅に戻り、パッケージの表示部分を見ていると、原産地の表示がないことに気づいた。
3　告発人が、すぐに○○精肉店に電話をしたところ、店長である○○氏は、「記載忘れです。申し訳ありません」と丁重に謝ってきたため、たまたま忘れたのだろうと思い、そのままにしておいた。
4　告発人が翌日、○○精肉店に行ってみると、昨日買った鶏肉はいまだに原産地表示のないまま、販売されていた。告発人が店長に話すと、「すみません。今日は全部やります」などと言っていた。
5　念のため、その翌日も、告発人が○○精肉店を訪れると、鶏肉は相変わらず原産地表示のないまま、販売されていた。
6　被告発人にはまったく誠意が感じられないため、思い切って、本告発に及んだ次第である。

第4　立証方法
　　鶏肉パッケージの表示部分

**Advice**
　JAS法では、すべての生鮮食料品について原産地表示を義務づけている。賞味期限、消費期限の記載をしなかったり、不当な記載をした場合、原産地を偽った場合にも、JAS法違反となる。
　特に原産地を偽装したような場合は、詐欺罪が成立しそうだが、仲介業者も偽装に気づいていたような場合には、詐欺罪の立件は難しくなる。
　消費者としては、販売店やメーカーに問い合わせる他、各地の農政事務所に相談する方法がある。

## 文例10 欠陥製品を作っていることを告発する

告発状

平成○○年○月○日

○○警察署長　殿

告発人　○○○○

告発人　住居　東京都○○区○○町○丁目○番○号
　　　　職業　会社員
　　　　氏名　○○○○
　　　　　　　昭和○○年○月○日生
　　　　電話　03-0000-0000
　　　　FAX　03-0000-0000
被告発人　住居　東京都○○区○○町○丁目○番○号
　　　　　名称　株式会社○○○○
　　　　　代表者　○○○○

第1　告発の趣旨

　被告発人の以下の所為は、刑法第211条前段の業務上過失傷害罪に該当すると考えるので、被告発人の厳重な処罰を求めるため、ここに告発する。

第2　告発事実

　被告発人は、平成○○年○月頃から同年○月頃までの間、東京都○○区○○町所在の自社工場内において、ハンドル部分のねじが緩いのを見逃して、乳児用のベビーカーの製造を完了し、

そのベビーカーに乗って遊んでいた乳児○○○○ら5名を転倒させ、負傷させたものである。

第3　告発に至る経緯
1　告発人は、被告発人である株式会社○○○○の社員である。
2　告発人は、自ら上記ベビーカーの製造に携わっていたが、平成○○年○月○日頃、ハンドル部分のねじが緩いのに気づき、直属の上司である○○氏に、その旨を話した。
3　告発人から話を聞いた○○氏は、不具合には気づいたものの、「この位なら大丈夫だ。様子をみよう」などと言い、すぐに不具合を改良しようとはしなかった。
4　製品を出荷して数か月後、「ねじが外れる」というクレームが押し寄せ、ついには、乳児6人がベビーカーから転倒し、顔を強く打つなどのケガをしたというニュースが流れた。
5　告発人は、居たたまれなくなり、思い切って、本告発に及んだ次第である。

第4　立証方法
　　告発人作成の上申書

**Advice**

企業が自主的に欠陥製品の回収・補修部品の無料配布など（リコール）を行う場合もあるが、経済産業省が、消費生活製品安全法（一般製品の場合）に基づき、問題の製品の回収命令を出すこともある。
　なお、内部告発者が社内で不利益を受けることのないよう、内部告発者を守る法律として公益通報者保護法がある。内部告発者に対する解雇や減給などの不利益な取り扱いを無効としたものである。

## 文例11　会社の不正経理を告発する

　　　　　　　　　　　告発状

　　　　　　　　　　　　　　　　　　平成○○年○月○日
○○警察署長　殿

　　　　　　　　　　　　　　　　告発人　　○○○○

告発人　　住居　東京都○○区○○町○丁目○番○号
　　　　　職業　会社員
　　　　　氏名　○○○○
　　　　　　　　昭和○○年○月○日生
　　　　　電話　03-0000-0000
　　　　　FAX　03-0000-0000
被告発人　住居　東京都○○区○○町○丁目○番○号
　　　　　職業　会社役員
　　　　　氏名　○○○○
　　　　　　　　昭和○○年○月○日生

第1　告発の趣旨
　　被告発人の以下の所為は、会社法第960条の特別背任罪及び刑法第253条の業務上横領罪に該当すると考えるので、被告発人の厳重な処罰を求めるため、ここに告発する。

第2　告発事実
　　被告発人は、
1　平成○○年○月ころから同年○月頃までの間、東京都○○区

○○町所在の株式会社○○○○内において、パソコンを操作し、いわゆるインターネット投信の方法により、投資信託3銘柄分の購入を申し込み、代金3000万円を投信口座に振り込んで、
2 同年○月○日ころ、仕入先への支払いのため預かっていた小切手13通（1300万円分）を横領した
ものである。

第3 告発に至る経緯
1 被告発人は、株式会社○○○○の取締役である。
2 告発人は、株式会社○○○○の社員である。社内では被告発人の部下として勤務していた。
3 告発人は、これまでもしばしば被告発人が会社の金を自分の思い通りに使っているのを目撃していたが、直属の上司であることから、知らぬふりをしてきた。
4 不況下、会社の業績は悪化し、賞与がカットされるような状況なのに、被告発人の行為が続いているため、思い切って、本告発に及んだ次第である。

第4 立証方法
告発人作成の上申書

**Advice**
特別背任罪とは、①取締役などが、②利益を図る目的または会社に損害を与える目的で、③任務に背き、④会社に損害を与えた、場合に成立する犯罪である。
10年以下の懲役または1000万円以下の罰金を科せられることがある。

【監修者略歴】

> **大門行政書士事務所**
> 会社設立前の相談から、設立手続、設立後のサポートまで、会社設立を中心に業務を行っている。また、契約法にも精通しているので、クーリング・オフの通知書や内容証明郵便の書面作成支援や代理作成にも応じている。
> その他、相続・離婚など家庭内トラブルに関するアドバイスも行っている。
>
> 大門行政書士事務所のホームページ
> http://www.justmystage.com/home/xdaimonx/

## 大門　則亮（だいもん　のりあき）

1973年生まれ。秋田県出身。行政書士（東京都行政書士会）。ビジネス文書や契約書の作成、債権回収の相談といった企業活動のサポートから独立開業のための会社設立（定款作成など）、許認可申請、相続や遺言、成年後見まで守備範囲は広い。
著作に『営業・販売部門のための法律マニュアル』『小さな株式会社の定款作成・設立手続き　便利マニュアル』『契約書・印鑑・領収書・手形・小切手の法律知識』『図解でわかる　ビジネス常識と文書の書き方入門』『図解で早わかり　契約のしくみ』『図解　契約のしくみと法律がわかる事典』、『図解債権回収と担保保証の法律がわかる事典』『困ったときに役立つ　生活防衛・法律武装マニュアル』『介護・成年後見・相続がわかる事典』『債権回収の手続きと実践書式ケース別67』『貸金業務取扱主任者資格試験受験六法』『貸金業務取扱主任者　試験に出る！頻出知識スピードマスター』『貸金業務取扱主任者　直前対策チェック＆トレーニング　実力アップドリル』（いずれも小社刊）、『貸金業務取扱主任者試験　直前対策1問1答』（Ｃ＆Ｒ研究所）がある。